高校教員のための
「歴史総合」
ハンドブック

教科書比較から見えてきたもの

石塚正英
監修

瀧津　伸
佐久間俊明
板倉孝信
編著

法律文化社

はしがき

　本書は，2010年創立の世界史研究会が数年にわたって継続している歴史教科書比較研究プロジェクトの一成果である。本企画は2段階にわたるもので，第1ステージは「歴史教科書比較調査研究報告」として完了し，『世界史研究論叢』第11号（別冊，2022年3月）に成果が掲載された。当初，企画立案の契機は以下の事情によっていた。

　2018年7月に公表された文部科学省の「高等学校学習指導要領解説・地理歴史篇」第1章総説には次の記載が読まれる。「情報化やグローバル化が進展する社会においては，多様な事象が複雑さを増し，変化の先行きを見通すことが一層難しくなってきている」「このような時代にあって，学校教育には，子供たちが様々な変化に積極的に向き合い，他者と協働して課題を解決していくことや，様々な情報を見極め，知識の概念的な理解を実現し，情報を再構成するなどして新たな価値につなげていくこと，複雑な状況変化の中で目的を再構築することができるようにすることが求められている」（1頁）。また，第2章第3節「歴史総合」には次のように記されている。「社会的事象の歴史的な見方・考え方を働かせ，課題を追究したり解決したりする活動を通して，広い視野に立ち，グローバル化する国際社会に主体的に生きる平和で民主的な国家及び社会の有為な形成者に必要な公民としての資質・能力を次のとおり育成することを目指す」（121-122頁）。

　上に引用した方針に即して学習指導要領が改訂され，たとえば日本史は「歴史総合」と「日本史探究」に改編された。それに伴い，教科書も大幅に改訂されることになった。それに合わせてまずは(1)改訂前の主要教科書を調査し，次に(2)2022年以降の新学習指導要領に即した教科書を調査するという作業が研究会メンバーの課題となった。むろん種々の制約があるのですべてを網羅できないものの，まずは(1)の一端を整理してみることにしたのである。その成

i

果が上記の「歴史教科書比較調査研究報告」である。

　ついで第2ステージを開始するにあたって，第1ステージにおける反省点を考慮することとした。(1)第1ステージでは参加メンバーによる相互討論が乏しかったこと。(2)教科書を使用する現役高校教員の参加が少なかったこと。以上の懸案のうち1点目は，おりしもコロナ・パンデミックが世界各地に猛威を振るったことによって，リモート会議が格段に開催しやすくなったことで解消した。その結果，首都圏のほか福岡や大阪に在住するメンバー相互の定期的な協議が順調に進められた。2点目については，本会メンバー以外に広く参加を求めるという方針を採用し，あらたに現役高校教員の参加を得て大幅に改善された。

　さて，本書は，いわば歴史学習の道具箱である。その引き出しには，(1)情報・知識習得法のほかに(2)クリティカルな思考方法が収められている。(1)情報・知識は，汎用性はあるもののまだ素材でしかない。それを将来の仕事や生活に活用できるよう，Do It Yourself（自分仕様に改編）する必要がある。それには(2)柔軟で批判的な思考を身につけなければならない。「歴史」だけなら知識の整理箱かもしれないが，「歴史総合」となれば自分なりの知識をthinkingしDIYするための道具箱となる。賛否両論あるChat-GPTの有意義な活用の成否は，学習者たちのDIY精神にかかっている。本書はそのためのトリセツでもある。ただし，本書は生徒向けというよりは，「歴史総合」に携わる現役教員・教員志望者にとって授業作りの参考になるよう配慮され，併せて「世界と日本の近現代史」に興味を持つ一般読者がそのテーマを理解するための見取図となるよう配慮されている。その上でテーマごとに「ブックガイド」を併載し，教員が授業準備をするにあたって役に立つ書籍や，生徒・一般読者に読ませたい書籍を紹介している。

　さて，私立親和中学校・女子高等学校長補佐の勝山元照は，論稿「新しい世界史教育として『歴史総合』を創る」（小川幸司責任編集『岩波講座世界歴史1　世界史とは何か』岩波書店，2021年，308頁）において，以下のように記している。

　　将来の歴史アマチュアとしての生徒が培う市民的資質（シティズンシップ）

について，次の三点が肝要と考えている。

① 「歴史像」について，「自分の頭で考え自分の言葉で表現」できる。

② 「根拠」を確かめ，「視野」を広げようと努力することができる。

③ 「存在に対する敬意」をふまえ，他者との「対話」を重ねることができる。

以上3点の中からさらに1点をピックアップするとすれば，私は③を選ぶ。「市民的資質」のキー概念は「存在」だからである。これまでの学校教育では「参加」が重視されてきた。けれども，存在なくして参加はない。たとえば基本的人権は存在において基礎付けられるべきである。「存在に対する敬意」こそ，あらゆるコミュニケーションの前提となるべきなのである。

なお，私個人は1990年代に，旧浦和市（現さいたま市）の市民有志（高校生を子どもに持つ親世代中心）で歴史教科書比較研究会をつくり，日本史教科書の近現代分野に関する比較調査を行った経験を有する。活発な議論を経て出来た成果は，『高等学校日本史教科書の比較』（全3冊，歴史教科書比較研究会，1996年）として公開された。現在は埼玉県立図書館，埼玉県立総合教育センターほかに所蔵されている。その編集作業をホップとすれば，先述した第1ステージはステップ，第2ステージはジャンプに当たる。その経緯に鑑みて，本企画は熟慮断行の成果と言えよう。

世界史研究会顧問　石 塚 正 英

目　次

はしがき ……………………………………………… 石塚正英 … i

序　章　歴史総合の目指すもの——その可能性と課題 …………… 1

1　学習指導要領を受けて ………………………………… 瀧津　伸 … 1
（1）はじめに　　（2）学習指導要領の目標より　　（3）歴史総合の内容より　　（4）「歴史総合」誕生のもつ意味

2　歴史総合の目指すもの ………………………………… 板倉孝信 … 6
（1）そもそも歴史総合とは何なのか　　（2）高校生が形成すべき基礎的な歴史の素養　　（3）歴史学を学ぶ大学生に必要とされる視座　　（4）単なる日本史と世界史の合体からの超越　　（5）歴史総合はどこに向かうべきか

3　現状と課題 ……………………………………………… 佐久間俊明 … 12
（1）歴史総合の現状　　（2）歴史総合の課題

第 I 部　近代化と私たち——歴史総合の分析（1）

1　近代化——近代は乗り越えられるのか ………………… 新谷　卓 … 19

2　市民革命と産業革命——近代政治・経済の原点 ………… 板倉孝信 … 25

3　国民国家——政治的概念の成立とその展開過程 ………… 石塚正英 … 31

4　世界市場の形成とアジアの変容——「大分岐」を考える …… 佐久間俊明 … 37

5　日本の近代化——世界の中の日本 ……………………… 川島祐一 … 43

6　立憲制——なぜ憲法を求めたか ………………………… 川島祐一 … 49

7　帝国主義——植民地支配は「文明化」なのか …………… 川島祐一 … 55

8　植民地と反植民地主義——宗主国と植民地による相互作用 …… 板倉孝信 … 61

v

第Ⅱ部　国際秩序の変化や大衆化と私たち──歴史総合の分析(2)

9　大衆化──大衆を巻き込んだ政治・経済のあり方 ················· 石塚正英 ··· 69

10　第一次世界大戦──なぜ現代史の起点と言われるのか ············· 瀧津　伸 ··· 75

11　国際協調体制──理念先行の功罪 ································· 石塚正英 ··· 81

12　社会主義と共産主義──ソヴィエト連邦の誕生 ················· 杉山精一 ··· 87

13　世界恐慌──各国の対策と影響 ··································· 杉山精一 ··· 92

14　ファシズム──人はなぜ独裁を受け入れるのか ········ 瀧津伸・尾崎綱賀 ··· 97

15　日本における軍部の台頭──なぜ破滅の道を歩んだのか ········ 新谷　卓 ··· 103

16　第二次世界大戦──国際秩序の崩壊と総力戦下の社会変容
　　　　　　　　　　　　　　　　　 ················· 佐久間俊明・尾崎綱賀 ··· 109

17　戦後構想──国際連合と国際経済体制 ····················· 佐久間俊明 ··· 115

18　冷戦の開始──米ソ対立の開始と日本の再軍備 ··············· 寺田佳孝 ··· 121

第Ⅲ部　グローバル化と私たち──歴史総合の分析(3)

19　グローバル化──私たちに何をもたらすのか ················· 新谷　卓 ··· 129

20　冷戦下の対立──集団安全保障体制の構築と核開発競争 ········ 寺田佳孝 ··· 135

21　冷戦下の共存──緊張緩和の難しさと平和への取り組み ········ 寺田佳孝 ··· 141

22　脱植民地化──植民地独立と残された課題 ··················· 瀧津　伸 ··· 147

23　冷戦下における日本の復興──高度経済成長の光と影 ······· 佐久間俊明 ··· 153

24　地域統合──国境線を維持したままの一体化 ··············· 板倉孝信 ··· 159

25　「豊かな社会」の中での抗議──「1968年」のインパクト ····· 佐久間俊明 ··· 165

26　社会主義陣営の動揺──多極化の進展 ······················· 杉山精一 ··· 171

27　石油危機と世界秩序の変容──「冷戦体制」終結の前史 ········ 杉山精一 ··· 177

目　次

28　冷戦の終結──国際政治の流動化と多極化，日本の将来 ………… **寺田佳孝**…183

あとがき ……………………………………………………………… **瀧津　伸**…189

人名索引　192
事項索引　194

凡　例

・本書が比較検討に使用した教科書は以下の通りである。
　(1)東京書籍『詳解歴史総合』(以下「東書『詳解』」と表記)。
　(2)実教出版『詳述歴史総合』(以下「実教『詳述』」と表記)。
　(3)帝国書院『明解歴史総合』(以下「帝国『明解』」と表記)。
　(4)山川出版社『歴史総合：近代から現代へ』(以下「山川『近代』」と表記)。
　(5)山川出版社『現代の歴史総合：みる・読みとく・考える』(以下「山川『現代』」と表記)。
・引用した文献については，文中に出典を挙げているが，ブックガイドに掲載したものについては，文中での出典紹介は(著者 出版年：頁数)だけに簡略化してある。

vii

序章　歴史総合の目指すもの──その可能性と課題

瀧津伸・板倉孝信・佐久間俊明

1　学習指導要領を受けて

(1) はじめに

　現行（2024年現在）の高等学校学習指導要領が告示されたのは2018年である。本指導要領の施行（2022年）に伴って，「歴史総合」がスタートした。この科目が設置された背景には，2006年に顕在化し社会問題となった「世界史未履修」問題がある。これに対して日本学術会議は，2011年に提言「新しい高校地理・歴史教育の創造──グローバル化に対応した時空間認識の育成」を発表し，「日本史と世界史の統一」と「思考力育成型授業への転換」を提唱した。それと文部科学省の改革の動きとが合流して，制度的な展開へつながり，近現代史という限られた内容ではあるが，世界史・日本史を共に学ぶ新科目「歴史総合」が実現した。

(2) 学習指導要領の目標より

　学習指導要領は，「主体的・対話的で深い学び」の視点から，「社会的事象の歴史的な見方・考え方を働かせ，課題を追究したり解決したりする活動を通して，広い視野に立ち，グローバル化する国際社会に主体的に生きる平和で民主的な国家及び社会の有為な形成者に必要な公民としての資質・能力を」育成することを「歴史総合」の目指すものとし，具体的な目標を3つ挙げている。

⑴近現代の歴史の変化に関わる諸事象について，世界とその中の日本を広く相互的な視野から捉え，現代的な諸課題の形成に関わる近現代の歴史を理解するとともに，諸資料から歴史に関する様々な情報を適切かつ効果的に

調べまとめる技能を身に付けるようにする。

(2)近現代の歴史の変化に関わる事象の意味や意義，特色などを，時期や年代，推移，比較，相互の関連や現在とのつながりなどに着目して，概念などを活用して多面的・多角的に考察したり，歴史に見られる課題を把握し解決を視野に入れて構想したりする力や，考察，構想したことを効果的に説明したり，それらを基に議論したりする力を養う。

(3)近現代の歴史の変化に関わる諸事象について，よりよい社会の実現を視野に課題を主体的に追究，解決しようとする態度を養うとともに，多面的・多角的な考察や深い理解を通して涵養される日本国民としての自覚，我が国の歴史に対する愛情，他国や他国の文化を尊重することの大切さについての自覚などを深める。

そこから以下の5点が見えてくる。

(1)従来のように世界史と日本史を並列するのではなく，相互的な視野から捉えた歴史像を学ぶようになること（世界史と日本史の統合）。

(2)学習の対象は，「現代的な諸課題の形成に関わる」近現代史が中心になること。

(3)現在とのつながりなどに着目」し，「現代的な諸課題」を歴史的に遡って，「多面的・多角的に考察」することを試みようとしていること。

(4)「主体的・対話的で深い学び」の視点から，従来のように知識を身につけ付けることよりも，「課題の解決」を構想・考察・説明・議論することに重きをおいていること。

(5)歴史的な見方・考え方を正しく働かせるため，「諸資料から歴史に関する様々な情報を適切かつ効果的に調べまとめる」技能を身につけさせること。

「歴史総合」は，「世界（グローバル）が動き，東アジア（リージョナル）が動き，その作用で日本（ナショナル）が動く」，また，「リージョナルの動きが世界（グローバル）を動かし，日本も動く」，「日本の動きが東アジア（リージョナル），世界（グローバル）に影響を与える」という「相互的な視野から」歴史を捉える学習

序章　歴史総合の目指すもの——その可能性と課題

の構成になる。この科目は，「現代とのつながり」に着目して，諸資料から情報を適切に選択して，「現代的な諸課題」の解決を構想・考察・説明・議論し，「課題を主体的に追究，解決しようとする態度を養う」ことを意図している。つまり，「歴史総合」は，単に過去の出来事を学習するのではなく，「よりよい社会の実現」を構想することを目指す科目である。生徒は，課題を主体的に追究する中で，諸資料から選択した情報から自らの歴史像を創り，課題解決のための構想を考察して，対話を通して意見をまとめる（「自分の頭で考え，自分の言葉で表現する」）。このことは，歴史教育が「歴史を学ぶ」から「歴史で学ぶ」へとパラダイムを転換させることを意味している（暗記科目からの脱却）。つまり，「歴史総合」では，歴史的な知識を獲得することよりも，それを問題解決のツールとして活用する資質・能力を身に付けることが求められるのである。

(3) 歴史総合の内容より

「歴史総合」の中の大項目「Ａ　歴史の扉」は，課題設定・解決や史料／資料の活用等，今後の歴史学習における探究活動で必要とされる技能を身に付けさせることを意図している。「歴史と私たち」では，身近なことを歴史的に遡って考えることができることを示して，現代的な諸課題についても「歴史的な見方・考え方を働かせ」ることによって解決の手がかりが得られることを理解させ，「歴史の特質と資料」で，「資料に基づいて歴史が叙述されていることを理解」させた上で，「複数の資料の関係や異同に着目して，資料から読み取った情報の意味や意義，特色などを考察し，表現すること」を求めている。

「歴史総合」は，近現代の歴史の大きな変化を「近代化」「国際秩序の変化や大衆化」「グローバル化」として，大項目Ｂ・Ｃ・Ｄを設定し，すべての項目に「私たち」をつけて，現代に生きる「私たち」の視点から主体的に課題を見出して歴史を見ていく。また，大項目Ａで身に付けた技能を活用して「生徒が資料から課題を見いだし，自ら学習を深める」ために，中項目(1)「身近な資料から考察する，過去への問い」，(2)(3)「主題を踏まえた考察と理解」，(4)「歴史の大きな変化と現代的な諸課題」が設定されている。とりわけ，「大項目Ｄの中項目(4)『現代的な諸課題の形成と展望』は，この科目のまとめとして位置付けら

3

れ」，「学習の成果を活用し，生徒が持続可能な社会の実現を視野に入れ，主題を設定し，歴史的な経緯を踏まえた現代的な諸課題の理解とともに，諸資料を活用して探究する活動を通し，その展望などについて考察，構想し，それを表現できるようにする」とし，ここでこの科目の目標を成就させることを意図している。

中項目の下にある小項目では，学習指導要領に挙げる資質・能力の3つの柱のうち，「ア　知識及び技能」「イ　思考力，判断力，表現力」に関わる事項が示されているが，ア・イは学習の順序ではなく，「学習が一体となって展開」としている。つまり，知識を学習してから，主題を設定して考察していくのではなく，資料から主題を設定して，主題を基にした課題（問い）を考察していく中で知識を習得し，理解を深めていく学習が展開されることがイメージされる。しかし，資料を読み取ったり，主題を理解したりする際には，やはり，基礎的な知識は必要になると思われるが，指導要領や『指導要領解説』に「中学校までの学習との連続性」や「中学校までの学習を踏まえ」とあるように，「歴史総合」の学習を始めるにあたって必要とする基礎知識は中学校の「歴史」の学習で既に得られていることが前提になっている。「歴史総合」では，既に中学校で獲得した知識を基に新たに学ぶ「歴史的な見方・考え方」および資料を活用して，課題を探究する中で理解を深めて「公民としての資質・能力を」育成することが求められている。しかし，中学校で獲得した歴史の知識量は生徒により差がある。これを補うために振り返り学習をしていては，「歴史総合」が目指している学習が十分にできなくなる懸念もある。

「歴史総合」では，「学習全般において課題（問い）を設定して追究する学習」が求められる。ここでいう課題（問い）（以下「問い」と記す）は，「資料から，生徒が情報を読み取ったりまとめたり，複数の資料を比較したり関連付けたりすることにより，興味・関心をもったこと，疑問に思ったこと，追究したいこと」から表現される。また，「この学習において重要であるのは，第一に課題（問い）の設定であり，第二に課題（問い）の追究を促す資料の活用」とする。この際問題になるのは，資料の収集と取り扱いである。「問いを表現」するためには，複数の資料にあたって，自分の問いが妥当なものであるかを確かめる必要

序章　歴史総合の目指すもの——その可能性と課題

がある。資料の裏付けがない「問い」は学習を迷走させてしまうことになりかねない。「歴史総合」の教科書には学習を支援するための資料が掲載されているが、それだけでは「問い」の幅が狭くなるので、教員が自ら補充の資料を準備することになる。高校教員のコストパフォーマンスを考えた場合、また、「日本史探究」や「世界史探究」では生徒が自ら資料を収集することを考えた場合、学校図書館（とりわけレファレンス機能）の充実は必要条件になる。この点をICTの活用で補おうとする向きもあるが、ネット内には信頼できないサイトも多数あり、その中で安心して活用できる資料サイトを探すのは、教員レベルでもまだ難しいと言わざるを得ない。資料から「問い」を設定・探究して生徒が自分の歴史像を創って考察して意見にまとめる際、資料解釈の次元でそれまでの歴史研究で積み上げてきたものを踏まえないで、自分の意見をまとめる懸念もある（この点、教科書はスタンダードな研究を踏まえて記述されているので、解釈の際、軌道修正の道標になる）。

　この点について小野寺拓也は、「歴史的思考力」の前提として〈事実〉〈解釈〉〈意見〉という三層構造が重要であるとしている（小野寺拓也・田野大輔『検証 ナチスも「良いこと」もしたのか？（岩波ブックレット）』岩波書店、2023年、9頁）。探究する歴史事象について、資料から〈事実〉が導かれ、歴史研究の蓄積を踏まえて〈解釈〉され、〈事実〉と〈解釈〉の過程を経て自分の〈意見〉をもつというのである。しかし、意見が教科書による解釈に縛られすぎた場合、生徒の主体性がそこなわれるという懸念もある。歴史実践の六層構造（Ａ歴史実証、Ｂ歴史解釈、Ｃ歴史批評、Ｄ歴史叙述、Ｅ歴史対話、Ｆ歴史創造）を提言した小川幸司は、歴史家の仕事を参考にしながらも、歴史を叙述する人々（生徒）の固有の価値も認め、「すべての実践主体の固有の価値を尊重すべき」と述べている（小川幸司『世界史とは何か——「歴史実践」のために（シリーズ歴史総合を学ぶ3）』岩波新書、2023年、60-62頁）。

　いずれにせよ、歴史事象について、学習から生徒が導き出した意見を尊重（主体性重視）しつつ、歴史研究や教科書による解釈とどう折り合い付けていくかは、今後の課題になる。この課題を解決するためには、教員は教科書だけではなく、少なくともスタンダードな歴史研究（本書のブックガイドが参考になれば幸

5

いである）を把握しておくのが望ましいと考える。

(4)「歴史総合」誕生のもつ意味

近現代の出来事，およびそこに含まれる日本の事象を，現代的な諸課題と結び付けて学習することを目指すという点で，「歴史総合」は，歴史教育に画期をなす科目と言うことができる。

2009年に告示された学習指導要領で，「日本史Ａ」・「世界史Ａ」は近現代史中心としていた。「日本史Ａ」は確かに近現代史を取り扱った内容になっていたが，「世界史Ａ」は近現代史を中心にするといっているものの，教科書では古代・中世も取り扱っており，近現代史中心に授業が行われていたとは言いがたい実態があった。

一方，「歴史総合」は，18世紀以降の近現代に焦点が当てられ，初めて本格的に近現代史中心の学習を進めるという点が注目される。さらに，「日本史」・「世界史」を統合して，相互的な視野から同時に教え，現代の課題と結び付けて考える点でも意義深い科目である。ただ，標準単位が２単位ですべての内容を完了できるかという懸念もあるが，この点は，知識を身に付けることよりも，歴史的なものの見方・考え方を学び，これを活用する能力（コンピテンシー）を育むことに重点を置くことによって乗り越えようとしている。

「歴史総合」は，新たな可能性を示す科目である。しかし，同時に新たな科目を立ち上げる段階でまだ十分に解決できていない課題，授業の試行段階や2022年からの授業を実施していく中で生じた課題も明らかになっている。そこで以下の節では，新たな可能性を示す「歴史総合の目指すもの」と「現状と課題」について述べる。

（瀧津　伸）

2　歴史総合の目指すもの

(1) そもそも歴史総合とは何なのか

高校新課程で「歴史総合」が導入された主な目的は，世界史と日本史を有機的に結びつけることで，両者を相互に連関して扱うことにあった。旧課程でも

序章　歴史総合の目指すもの──その可能性と課題

世界史Aや日本史Aで断片的に両者の架橋が図られていたものの，新課程で両者を明確に統合した新科目が設置されたことは特筆に値する。新課程で最も挑戦的と言えるこの試みが，今後の高校や大学の歴史教育にどのような影響をもたらすのか，特に高大連携の視点から切り込んでいくことが必要である。そこで本項では，(1)そもそも歴史総合とは何なのか，(2)高校生が形成すべき基礎的な歴史の素養，(3)歴史学を学ぶ大学生に必要とされる視座，(4)単なる日本史と世界史の合体からの超越，(5)歴史総合はどこに向かうべきかの5項目を中心に，「歴史総合の目指すもの」について論じる。

旧課程の地理歴史科は，基礎科目（A）と発展科目（B）の一方を選択する方式であったが，新課程の地理歴史科は，まず地理総合や歴史総合を履修した上で，さらに地理探究・日本史探究・世界史探究に進む方式となっている。これは理科の基礎科目と発展科目の関係に似ているが，「世界史基礎」・「日本史基礎」という別々の科目を設置せず，「歴史総合」として両者の基礎科目を統合した点で異なっている。また2025年度以降の共通テストでは，「歴史総合，世界史探究」と「歴史総合，日本史探究」のように，いずれも歴史総合を含む科目設定がなされており，各大学の個別・独自試験でも同様に，総合と探究の両方を課す場合も少なからず見られる。

このように新課程の歴史総合は，旧課程の世界史Aや日本史Aを合体した単純な代替科目でなく，高校履修・大学入試の双方で新科目としての性格を強く帯びている。また内容面でも「課題の設定・追究・解決」や「資料の活用」が強調されており，従来の「知識・技能」だけでなく，「思考力・判断力・表現力」を重視する傾向が強い。本論で詳述するように，その傾向は教科書での問いや資料の充実として表れており，近現代史を材料に今日の世界のルーツをひも解くという姿勢が示されている。こうして名実ともに新科目として船出した歴史総合が，高校・大学でどのような理想を体現し，どのような現実に直面しているのか，具体的に見ていきたい。

(2) 高校生が形成すべき基礎的な歴史の素養

歴史総合の学習指導要領では，世界史Aや日本史Aよりも中学校社会科から

の連続性が強調されており，中学校歴史から世界史探究・日本史探究への架橋が期待されている。中学校歴史は大半が日本史領域から構成されており，世界史は日本史との関連で触れられる程度であるため，高校生にとって世界史領域はほぼ初修の内容に近いものと言える。本来は「世界の中の日本」として日本を相対化して認識し，世界史を軸に日本史を位置づけるのが理想であるが，実際には知識や理解が比較的多い日本史を足掛かりとして，世界史を捉えざるを得ないのが現実であろう。歴史総合の教科書も「世界の中の日本」という前提に立って編纂を試みているものの，実際には（特に近代で）世界史と日本史を別々に描くという構成が見られる。

　筆者は2022・23年の2月に，東京都立大学オープンユニバーシティ（学外向け公開講座）で歴史総合に関する高校生講座を開講したが，その際にも世界史と日本史を同時並行で進めることに多くの高校生が混乱していることを実感した。特に近代初期のように，世界と日本の接点が現代より少なく，さらに産業革命や市民革命などのように発生時期が大きくずれている場合には，高校生が世界史と日本史の往復に振り回されやすいことがアンケートから確認できた。時系列とテーマのいずれを軸に授業を展開するべきかという問題は，高校に限らず中学校や大学の歴史教育でも非常に悩ましい問題であるが，中学校歴史で日本史の大まかな時代展開が認識できていると仮定するなら，歴史総合ではこれを利用した方が効率は良いように思われる。

　また今日の社会を構成する諸要素（例：「議会・政党・選挙など」／「企業・銀行・通貨など」）が「いつ・どこで・なぜ・どのように」発展したのかという視点から，近現代史を遡及的に見直すことも高校生の関心を喚起する点で有益である。これは前述のテーマ史に相当する方法であり，これを軸に歴史総合の授業を展開することは，準備面で困難を伴うかもしれないが，時系列をベースとしつつ上手に組み合わせることができれば，一定の効果は期待できよう。さらに第一次・第二次世界大戦のような世界全体を巻き込む出来事について，欧州からの視点と日本からの視点が大きく異なることは，単純に世界史と日本史を別々に学習しているだけでは気が付きにくいため，両者を有機的に結び付ける歴史総合の役割が重要となる。

序章　歴史総合の目指すもの――その可能性と課題

(3) 歴史学を学ぶ大学生に必要とされる視座

　高校の歴史科目で培われる基礎的な知識や理解に加え，大学でも歴史学を学ぶ際に役立つ視座を身に付ける点でも，歴史総合に期待する所は大きい。大学で教養・専門科目として歴史学を学ぶ場合，もちろん一定の基礎知識も必要であるが，歴史叙述や史料解釈を実行する際は，思考力・判断力・表現力が重要な意味を持つ。またどの時代・地域を扱う場合でも，世界史と日本史に関する一定の素養を持っていることが望ましく，どちらかが欠けていると学修の障害となる可能性が高い。このような観点から，大学でも歴史総合の視点と認識は不可欠であり，新課程の高校生が大学入学後にどのような成果を上げるかという点に，大学教員も注目している。

　一方，2021年度入試よりセンター試験が共通テストとなり，歴史科目も従来の知識重視型から思考・判断力重視型に移行しつつあるが，私立大学の独自試験に大きな変化は見られなかった。一部の私立大学では独自試験の作問を断念し，共通テストの利用や総合問題の導入に踏み切る事例も見られたが，多くの大学でこの傾向は続くと予測される。そのため，課題解決や資料活用を重視する歴史総合の理念と，知識を重視する大学入試の実態に見られる乖離は，容易に解消され難いと思われる。実際に独自試験で歴史総合を課さず，世界史探究・日本史探究のみを課すと公表する私立大学は多く，個別・独自試験の入試科目としての歴史総合や，歴史を含む総合問題を選択することで，実際に思考力や判断力を問われるのは，一部の受験生に限られる公算が高い。そのため，高校の必修科目としての歴史総合と入試対策としての歴史指導に齟齬が生じる恐れがあり，それは大学で歴史学を学ぶための総合力養成に大きな影を落とし得る。

　筆者が高校教員を対象に行った聞き取りでは，歴史総合の教科書分量に対する授業時間数の不足や，課題解決・資料活用を中心に授業展開するための準備時間の不足が目立った。また理系選択者が共通テストで負担の重い歴史総合（＋日本史探究 or 世界史探究）を敬遠し，負担の軽い地理総合（＋地理探究）を選好するため，むしろ理系の歴史離れが進んでいることも判明した。これら高校歴史教育の問題点は，そのまま大学歴史教育にも悪影響を及ぼす可能性が高

く，特に世界史も日本史も中途半端な状態で入学する学生が増えることが強く懸念される。さらに思考力・判断力・表現力の重視が曲解されることで，最低限の基礎的な知識や理解までもが軽視され，ひたすら応用力のみを身につけようとする傾向も見られており，深く憂慮される。

(4) 単なる日本史と世界史の合体からの超越

　歴史総合が単に世界史Aと日本史Aを合体しただけの科目でなく，両者とは前提から異なる新科目という点に意義があることは，本項で言及してきた通りである。高校の教育現場では，多くの教員が両者の有機的結合のために工夫を凝らしているが，世界史と日本史の教員が担当範囲を完全に分割してしまうケースも見られる。また高校生も中学歴史の既習内容をベースに，世界史・日本史の融合や課題解決・資料活用の展開に対応しているが，世界史の基礎知識が乏しい点がネックとなっている。このように教員と生徒が努力を重ねつつも，依然として多くの課題に直面しているのが歴史総合の現状であり，それらを克服するには発想転換が必要と考えられる。

　大学での歴史学教育の視点から言えば，ある時期に特定のイメージを持たせることで（例：「20世紀前半」＝「世界大戦の時代」），世界史全体のヨコのつながりを意識させる方法が挙げられる。歴史総合の教科書は，近現代史の流れが分かりやすく整理されているが，課題や資料も豊富に盛り込まれている上に，記述上時代が大きく前後することもあるため，意外にマクロな視点は持ちにくい。前述のように，歴史総合は教科書分量に対して授業時間数が少なく，こまめに小括する時間は取れないだろうが，大きな時代のイメージを持たせるだけなら，さほど時間はかからない。進度が早い生徒に対しては，地域別に時代のイメージを描かせると（例：「1800年前後の欧米」＝「大西洋革命の時代」），世界史探究や日本史探究で大いに役立つだろう。

　また特定のテーマに関して，世界と日本の時代的なズレを意識させる方法（例：「英国産業革命＝18世紀末〜19世紀初」，「日本産業革命＝19世紀末〜20世紀初」）が挙げられる。特に欧米と非欧米では，近代的な諸制度成立や諸事象発生に大きなタイムラグが存在しており，それを生徒に意識させると新たな視点に気付か

せることもできる。歴史総合の教科書にはテーマを強く意識したものもあるが（たとえば山川『現代』）、時代のズレが大きいほど記述箇所が離れるため、明確に認識しにくくなる。このようなタイムラグの観点も、時代イメージと同様にわずかな時間で生徒に考えさせることができるため、授業の合間に投げかけてみると効果的かもしれない。

(5) 歴史総合はどこに向かうべきか

　本項で見てきたように、歴史総合は世界史と日本史の有機的な連関、思考力・判断力・表現力の重視、中学歴史から高校歴史への架橋など、重要な目標を掲げてきた。一方で、それらは授業時間数や準備時間の不足、高校履修内容と大学入試科目の齟齬、理系選択者のさらなる歴史離れなど、多くの問題を高校現場に引き起こしつつある。いずれも即座に解決できる問題ではないが、歴史総合を担当する高校教員間でスキルやノウハウも年々蓄積されていくため、段階的に改善が見られると予測される。このような高校での動きに対して、大学教員の認識や理解は十分とは言い難く、情報収集や授業視察による高大連携を深めることが急務である。

　2023年度から世界史探究・日本史探究・地理探究の授業が開始されたが、歴史総合を先行して履修したことで、探究科目の学習にどのような影響が生じるかが、目下注目すべき点であろう。近現代史を事前に学んでいた方が、近世以前の世界史や日本史の理解を深めることにつながることが明らかになれば、歴史総合は基礎科目としての役割を十分に果たしたと言える。また探究科目でも近現代史を改めて扱うため、ここで近現代史に関する理解が旧課程より深まったとすれば、歴史総合と探究科目を組み合わせる新課程の方式が奏功したと言えよう。また日本史探究や世界史探究を選択せずに地理探究を選択する場合でも、近現代史を題材として培ってきた歴史的な視点や認識は、世界や日本の地理を深く学習する際に役立つことが期待される。このように今後の歴史総合に対する評価は、歴史総合のみで判定する段階から、世界史探究・日本史探究・地理探究などの他科目への相乗・波及効果を含めて判定する段階に移行しつつある。

さらに歴史総合・地理総合と共に新課程で必修科目となった「公共」との相互連携についても，地歴・公民科全体としての相乗・波及効果が見込めるか否かを見極めるべき段階に達しつつある。特に共通テストで地歴・公民から2科目を選択する必要がある一部の国公立大学志望の文系選択者が，どのような組み合わせで科目選択を行い，どのような試験対策を実施するかは，非常に興味深い。また新課程で必修化された「総合的な探究の時間」で，従来は敬遠されがちであった歴史系の探究学習を試みる生徒が，歴史総合で培った認識をどのように活かしていくかも注視したい。特に探究学習は歴史総合で養うことが期待される，時代・地域を俯瞰するマクロな視点や，特定の対象を深く追究するミクロな分析を活用する恰好の機会であり，大学での演習科目や研究活動につながる基礎的な研究力を育む点で，大学教員は強く期待している。　（板倉孝信）

3　現状と課題

(1) 歴史総合の現状

　2022年4月から全国各地の高等学校で歴史総合の授業が始まった。「主体的・対話的で深い学び」（アクティブ・ラーニング）を意識した意欲的な授業実践が公表されている[*]。一方で，教科書の内容が終わらない，世界史と日本史の教員が週2時間の授業を1時間ずつ受け持つ，日本近現代史中心（実質旧課程の「日本史A」と変わらない）の授業が行われているなどの「混乱」がみられている。

> ＊高大連携歴史教育研究会の「教材共有サイト」や「山川＆二宮ICTライブラリ」，各教科書会社が発行する「内容解説資料」などで教育実践が公表されている。また，歴史総合初年度の教育実践と評価のあり方を検討したものに，金子勇太・梨子田喬・皆川雅樹編著『歴史総合の授業と評価――高校歴史教育コトハジメ』（清水書院，2023年）がある。

　世界史と日本史の統合を目指す「歴史総合」の導入に私たちは賛同するが，戦後80年近くにわたって世界史と日本史を分けてきた高等学校における歴史教育を考えると，その導入は「拙速」だった。制度の変更時期に生じる様々な混乱を最小限度にとどめる努力があまりにも足りなかったという印象を受ける。

混乱の最大の要因は，共通テストへの歴史総合導入の決定である。「平成30年告示高等学校学習指導要領に対応した令和７年度大学入学共通テストからの出題教科・科目について」(2021年３月24日) が発表され，進学校では大学入試への対応が迫られた。さらに「歴史総合，日本史探究」・「歴史総合，世界史探究」という組み合わせに現場はとまどいを覚えた。なぜなら，この時点では歴史総合と日本史探究・世界史探究の教科書は公表されていなかったからである。

　2021年度は歴史総合の教科書採択の年だった。多くの教科書会社が大学入試に対応するために情報量の多い教科書を発行した。なかには，山川『歴史総合　近代から現代へ』のように世界史Ａと日本史Ａを合体させたような教科書もあった。

　共通テスト「歴史総合」のサンプル問題も2021年３月24日に発表されたとはいえ，国公立大学や私立大学の動向は不明であり，安全策として情報量の多い教科書を採択する学校が多かった。また，歴史総合の教科書採択の時点では，日本史探究・世界史探究の教科書は作成段階にあり，現場はその全容がはっきりしない状況で採択せざるをえなかった。探究 (３単位) の教科書が旧課程のＢ科目 (４単位) からどのように変化するのか，歴史総合と重なる近現代史の記述は簡略化されるのかなどの疑問が思い浮かんだが，答えは得られなかった。少なくとも歴史総合と日本史探究・世界史探究の教科書を，同時に公表するべきだった。

　実際に歴史総合の授業が始まると，２単位の科目としては教科書の情報量が多く，進度が遅れ教科書の内容をすべて終わらせることができない学校が相次いだ。テーマを絞って進める方法もあったが，入試科目に導入された以上，現場としては教科書の全範囲を終えることに注力せざるをえない。結果的に穴埋めプリントを活用して全範囲を網羅する知識詰込み型の授業が各地で展開されたと考えられるが，これは歴史総合の理念と矛盾している。

　さらに今回の学習指導要領の改訂は，探究学習の重視や観点別評価の導入に象徴されるようにこれまでの学習のあり方と評価方法の転換を図るものだった。同時にコロナ禍で進展したICT教育のさらなる充実も図られ，一人一台端末の積極的な活用が求められた。新科目導入と並行して進められたこれらの

措置は，主体的な学びを喚起するよりも教員と生徒に負担を強いるものになった。

歴史総合はまだ出航したばかりだが，難破の危機に瀕している。

(2) 歴史総合の課題

次に歴史総合の課題を具体的に検討することにしよう。

第1に，歴史総合に求められる情報量の基準を確立した上で世界史中心に転換していくことである。歴史総合の教科書には，大学入試を念頭に置いた情報量の多い詳説型と標準型に分けることができる。標準型は情報量が絞られており，進度を確保しやすいが，日本史パートでは中学校歴史教科書の情報量と大差がない。一方，詳説型は日本史探究・世界史探究の教科書と重複する内容が多い。つまり，中学校歴史から歴史総合への接続と，歴史総合から探究への接続について十分な検討が行われずに歴史総合は始まってしまったのである。小学校・中学校の歴史学習が日本史中心であることを踏まえると，歴史総合における日本史のウエイトを減らし，世界史のなかに日本史を組み込む形で教科書を改訂していくべきだろう。

第2に，これまでの歴史教育への反省から教科書に問いが収録されるようになったことは評価できる。しかし，特集ページや副教材の資料集も含めると問いの数が多くなっており，問いの乱立という状況になっている。1回の授業で考えられる問いの数には限度があるのだから，問いの精選・構造化が必要になるだろう。また，問いの質にも問題がある。たとえば，実教『詳述歴史総合』を例に挙げてみると，「大日本帝国憲法にある『強い君主権』と，現行の日本国憲法の三権分立を比べてみよう」(93頁)のように，比較の軸が明確で議論しやすい問いが含まれている。一方，「アメリカ独立革命やフランス革命は，歴史的にどのような意義をもったのか考えてみよう」(49頁)や「新政府による急速な文明化を，人々はどう受け止めたのだろうか。考えてみよう」(83頁)のような，教員でも解答するのに苦慮する漠然とした問いも収録されている。補助線を設定しない限り議論を深めることは困難である。くわえて歴史総合では，生徒が「問いを表現する」機会が多くなっている。日々の学習の中で疑問を持つ

ことは大切だが，その上であえて言えば，「問いを立てる」営為とは，これまでの学問的な積み重ねの上に切実な問題意識からなされるものなのであり，問いは安易に立てられるものではないことを理解することも必要である。

　第3に，歴史総合では資料分析が重視されているが，多くの教員にとっては多面的・多角的に考察できる一次資料を準備することは難しい。特に初任や経験の浅い教員にとっては資料準備が大きな負担になっている。また，資料分析の前提となる資料批判の手続きが軽視されていないだろうか。

　第4に，歴史総合の時代区分は，日本史の時代区分に影響されている。「国際秩序の変化や大衆化と私たち」と「グローバル化と私たち」の切れ目は，1950年代前半である。日本史の時期区分では占領期と占領後という区分は理解できるが，世界史でこの時期に区分する必然性はない。冷戦の始まりは前者，冷戦の展開・終結は後者となるが，これは戦後史（現代史）の理解を難しくするだろう。

　第5に，歴史総合を真に有益なものにするためには，大学入試科目から外し，教員の裁量を拡大するべきだろう。「教科書の内容を暗記している」ことを前提とする，暗記偏重の入試が是正されていないのならば，歴史総合を入試で出題しない方がよい。

　小野寺拓也と田野大輔は，『検証 ナチスは「良いこと」もしたのか？』（岩波書店，2023年）において歴史を〈事実〉〈解釈〉〈意見〉の三層構造と捉えている。このうち〈解釈〉とは，これまで歴史研究が積み重ねてきた膨大な知見のことである。両氏が危惧しているように，歴史研究の蓄積と無視して，〈事実〉のレベルから〈意見〉（問いを表現することも含む）の層へと飛躍してしまうと，「全体像」や「文脈」が見えないまま，個別の事象について誤った判断を下す結果となることが多いのである。

　課題の2・3点目で指摘した問題点は，小野寺・田野のいう〈解釈〉の軽視にあたる。歴史総合は，これまでの歴史学研究の蓄積を捨象してしまう危険性をはらんでいる。このことに教員は自覚的であるべきだろう。歴史学研究を批判的に学び続けることが教員には求められているのである。

　歴史総合の現状と課題について厳しい批判を述べたが，世界史のなかに日本

史を位置づけ，民主主義社会の担い手の育成を目指す歴史総合には豊かな可能性がある。ナショナル・ヒストリーから脱却して，グローバル・ヒストリーへと歴史教育が更新されていくことが期待される。本書が現場で歴史総合を担当する先生方と教室で学ぶ生徒にとって有益なものになることを願っている。

(佐久間俊明)

　本書は目次で示した通り，「序章　歴史総合の目指すもの——その可能性と課題」，「第Ⅰ部　近代化と私たち——歴史総合の分析(1)」，「第Ⅱ部　国際秩序の変化や大衆化と私たち——歴史総合の分析(2)」，「第Ⅲ部　グローバル化と私たち——歴史総合の分析(3)」の４つのパートによって主に構成される。本章(序章)では総論として，学習指導要領に基づいた歴史総合のあり方を概観し，歴史総合の目指す方向性を高大連携の視点から見据えた上で，実際の高校現場での歴史総合の現状と課題を示した。

　さらに第Ⅰ〜Ⅲ部では各論として，歴史総合の主要教科書５冊を中心に，合計28のキーコンセプトに関する比較分析を実施することで，実際の授業準備に寄与する視点や考察を示した。まず第Ⅰ部では「近代化」を基軸として，市民革命・産業革命から第一次世界大戦前夜まで［キーコンセプト：1〜8］，続く第Ⅱ部では「国際秩序の変化や大衆化」を基軸として，第一次世界大戦から第二次世界大戦後の冷戦開始まで［キーコンセプト：9〜18］，最後の第Ⅲ部では「グローバル化」を基軸として，冷戦の変容から崩壊まで［キーコンセプト：19〜28］を，それぞれ主な守備範囲とした。また各キーコンセプトにおいては，執筆者間で統一的な基準に沿って教科書比較分析を実施するため，(1)序論・概要，(2)論点・課題，(3)現代との対話，(4)資料分析，(5)結論・考察の共通項目を設定して議論を進め，最後にキーコンセプトに関連する参考文献を紹介したブックガイドを添えた。

(板倉孝信)

第Ⅰ部

近代化と私たち──歴史総合の分析(1)

写真：Wikimedia Commons（瀧津伸コラージュ）。

1 近代化──近代は乗り越えられるのか

キーワード：近代化の功罪，資本主義，欧米化，学校・工場・軍隊

新谷　卓

1　序論・概要

　歴史総合の教科書において特徴的なことの一つは，近現代の歴史を「近代化」「大衆化」「グローバル化」という3つの観点から時代を区分し，おおよそこれに沿って歴史的な出来事が時系列に配置されている点である。すなわち，18世紀から20世紀初頭までを「近代化」の時代，そこから1950年代初頭までが「大衆化」の時代，それ以降が「グローバル化」の時代と区分されているのである。

　ただ，この区分は，必ずしも歴史の実相に即したものではなく，むしろ「歴史総合」という科目の特性を生かすために構成された区分であると考えた方がよい。東書『詳解』では，「近代化」「大衆化」「グローバル化」は，「歴史的なある時期の現象ではなく，現在にいたるまで続いている」としているが（100頁），この区分の理解には，実教『詳述』の冒頭にある「歴史総合を学ぶみなさんへ」で示された図が役立つだろう。ここでは，この3つを「切り離せない」ものとした上で，たとえば18世紀から19世紀は，この3つの要素の中で「近代化」という側面が強く現れた時代と説明している（2頁）。

2　論点・課題

(1) 時代区分

　「近代化と私たち」で扱う時代区分については，教科書によって違いがある。上記で触れたように，おおよそ18世紀から20世紀初頭を対象としているが，山川『近代』は，他の教科書とは違って，第Ⅰ部「近代化と私たち」で「16世紀か

第Ⅰ部　近代化と私たち──歴史総合の分析(1)

ら20世紀初めまでのほぼ400年間を扱う」と明記している (17頁)。特にヨーロッパについては，「近代の前提」(30頁) として，主権国家体制の確立 (30-32頁)，宗教改革，科学革命 (32-33頁)，「大航海時代」(26-27，33-35，36，39頁参照) についてかなり紙幅を割いている。近代との結びつきという形での言及はないが，帝国『明解』でもこれらの事項が扱われている (資料19-20頁)。近代性の開花は，これらの出来事の結果であり，いきなり結果から始めるのは教えづらいだろう。「歴史総合」が近現代を中心に扱うという特色をもった科目とはいえ，歴史である限り，前の時代とのつながりを無視することはできない。

(2) 近代化とは何か

　教科書で「近代化」について直接言葉で説明しているのは，東書『詳解』だけである。ここでは，「工業化 (産業化)」，それに伴う「市民社会の成立」，「主権国家・国民国家の形成」，「技術革新」による世界のつながりの強化という4つの側面から説明され，「近代化」された社会において，「財やサービスが価値あるものとして取引」され，「合理性や効率性」が重んじられ，「画一的な大量生産」がなされ，「均質な国民が養成」され，「ヒト・モノ・情報の世界規模での移動・流通・伝播」が促されていく時代だとされる (28頁)。基本的にはどの教科書も，学習指導要領に示されている「交通と貿易」「産業と人口」「権利意識と政治参加や国民の義務」「学校教育」「労働と家族」「移民」という項目に関連する資料を見ながら，「近代化」に伴う生活や社会の変化を考察し，問いを表現させる流れになっている。たとえば，山川『現代』では，冒頭で「近代化とは何だろうか。……事例から選んで考えてみよう」と問いかけられた後，示されたグラフ・絵・写真に対する問いかけが続く (12頁)。「近代化」の定義よりも，この時代全体のイメージをつかむための「導入」として扱われている。

　ところで「近代化」は，資本主義の発展と切り離すことはできない。山川『現代』では，「3　産業革命」の項目の中で，17世紀末の「権利の章典」などによって事実上私的所有権が保障される方向で進み，個人の生産意欲が高まったこと，大航海時代を経て富の蓄積が進んだこと，そして，化石燃料を動力源とする蒸気機関を用いた機械の発明など技術革新が進んだことによって産業革命が促進されたという言及がある (29-30頁)。いずれも資本主義社会成立の前提条

件でもある。また資本主義社会の中で，学校・工場・軍隊が果たした役割は重要である。というのも，これらの装置によって質的に多様だった人々が規格化・画一化され，労働力という数量化された商品として扱われ，そしてこの変化に伴って，家族や労働のあり方が大きく変化したからである。これについては，ほぼすべての教科書で，家庭が生産の場でなくなったこと，労働の場が家庭の外に移ったこと，それに伴い男女の役割分担が定着したことを，絵や写真などの資料から読み取らせる形になっている（東書『詳解』45頁など）。

(3) 近代化の負の側面

　近代は「功」の側面が強調され，「近代化」が進めば人々は非合理な伝統や古い慣習に縛られることもなく，個人は解放され暮らしは豊かになると考えられてきた。欧米のみならず，非欧米諸国も「近代化」を最大の目標として掲げた。しかし，「近代化」とは，同時に伝統・文化の破壊，とりわけ共同体や家族の解体，人間関係の分断化，慣れ親しんだ風景の崩壊，自然の破壊などを伴うものであり，それに反対する保守派の抵抗がどの局面にも見られた。

　学習指導要領では，「自由・制限，平等・格差，開発・保全，統合・分化，対立・協調」という対立図式の下に，負の側面も理解するように示されているが，取り扱いの比重は各教科書によってばらつきがある。東書『詳解』は，この図式を忠実に取り上げているが（86-91頁），他方実教『詳述』は，項目としてこれを取り上げていない。重要な対立図式であるが，若干抽象的なこともあり，授業ですべてを取り扱うのは難しそうである。この中では比較的「開発・保全」の図式は分かりやすい。いくつか具体的な事例を挙げてみると，足尾銅山の公害の問題を扱っているのが山川『近代』（98頁），都市環境の悪化を防ぐための方策として，イギリスのガーデン・シティ構想と日本の田園都市の建設を取り上げているのが山川『現代』（71頁），独自性があるものでは，セイロン島や「満洲」のような植民地化された地域においてこの問題を取り上げている東書『詳解』（89頁）がある。

　「自由・制限」の対立図式の中で，軍事力を背景に自由貿易の拡大を目指す帝国主義国家と，「近代化」が遅れ保護貿易を主張する国家とのせめぎ合い，そして一国の中でも自由貿易派と保護貿易派の間での政治的な対立を取り上げ

第Ⅰ部　近代化と私たち——歴史総合の分析(1)

ているのは，山川『現代』(75頁) である。この問題は，いまなお続く問題であり，現代と関連づけて展開するのも面白い。

(4) 近代化と欧米化

非欧米諸国では，「近代化」とは「欧米化」することと考えられてきた点も重要である。産業革命・市民革命が遅れた国では，それを待つことなく，上からの「近代化」を図ることになった (欧化政策)。そうしたことから保守的な人々の間では，「近代化」が自国文化の否定につながるものと感じられ，これに対する反発が見られた (実教『詳述』102頁，山川『近代』76頁)。この時代の排外主義的な右翼は，「近代化」(=「欧米化」) の反動から生まれたといってよい。

非欧米諸国における「近代化」への接近と反発の往復運動は，西洋に近いロシア，トルコなどで顕著に見られた (今日でもまた)。日本でも，明治時代に急激に「欧米化」したが，その後，第二次世界大戦前には極端に反欧米となり，敗戦後は再び「欧米化」が進むなど，欧米と日本固有のものとされる天皇制 (実際には西洋風にリメイクされた伝統) との間をスイングしている。山川『近代』では，「近代化」(=「欧米化」) の受け入れ方として，清における「洋務運動」や「中体西用」について触れているが (61頁)，「近代化」に対する日中の受容を比較させるのも面白い。

3　現代との対話

現代社会においては，環境問題，地球温暖化の問題の中で，無制約に「近代化」を求めて進む方向性に疑問が投げかけられている。東書『詳解』では，第3章「グローバル化と私たち」において，「問い直される近代」という項目を立て，1960・70年代を中心に公害反対運動などの反体制運動を取り上げている (188-189頁)。

人間のあり方 (生き方) という点で見ると，デジタル化と相即して新しい方向へ直線的に「変化」し，「進歩」し続けることを追求する「近代化」をさらに推し進めようとする人々がいる一方で，科学技術の進歩を前提とする「近代化」のあり方そのものに疑問を抱く人々が増えている。現代社会は，この2つの方

1 近代化——近代は乗り越えられるのか

向性の間で対立・分断が広がっている時代であるともいえる。

　イラン，アフガニスタンなど一部のイスラーム諸国などでは，「近代化」という名の下に進む世俗化と社会や生活の変化に対して反動が生じ，それが国内の政治的対立となって現れている。また，欧米資本によって「近代化」を進めようとするグループと，それを自分たちの文化や生活の破壊だと考えるグループとの対立も激しくなっている。帝国『明解』では，「なぜイラン革命の成功は，世界の人々に衝撃を与えたのか，『近代化』という用語を使って，あなたの考えを説明しよう」(178頁) と問いかけられているが，イラン革命ばかりでなく，今日でもアフガニスタンのターリバーン政権などにも同様の「近代化」・「世俗化」に対する過激な反動が生じている。多元化する国際社会では，こうした「近代化」に対する反発が重要な対立軸となっていることは，現代との関連でみておく必要がある (山川『現代』237-239頁)。

4　資料分析

　近代における人口の爆発的増加，産業別人口の比率の変化・移動については，どの教科書においてもグラフで示された資料が掲載されている。山川『近代』の資料は，アメリカと日本を中心に移民先・移民元がよく分かるものになっており (23頁)，この時代になぜ移民が増加したのか，受け入れた移民先の国にどのような変化をもたらしたのか，考える資料としたい。各種人口統計は，全体を考える上においては重要なデータである。

　国民国家形成における先住民など少数民族の問題について，帝国『明解』は，先の「統合・分化」の構図の中でアイヌとアメリカの先住民に関する資料を取り上げている (84頁)。東書『詳解』もアイヌと沖縄を取り上げているが (36-37頁)，ここでは歴史・文化を紹介することに重点が置かれている。国民国家への同化という視点でアイヌ・沖縄を取り上げているものでは，実教『詳述』(32-33頁) がある。近代の国民国家の問題点を考えさせる資料として利用したい。東書『詳解』の「近代化」のモデルとして日本に期待し，裏切られたベトナム人ファン・ボイ・チャウの小村寿太郎外相に宛てた書簡は (91頁)，「脱亜論」

23

第Ⅰ部　近代化と私たち——歴史総合の分析(1)

(東書『詳解』68頁)や「アジア主義」と結びつけて考えさせたい。

5　結論・考察

　「近代化」が我々の目指すべき唯一の道であるとされた時代が終わり，近代的価値観が相対化されている。しかし，それでも「近代化」の価値観や論理は消えることはない。むしろいまもその歩みは不断に進行している。そして近代と反近代という対立する形で，なおも「近代化」は問題であり続けている。問いを表現する「歴史総合」という教科書の中で「近代化」の歴史を辿ることによって，新たに見えてくるものも多い。冒頭で述べたように「近代化」とは，特定の一時期の現象ではなく，一定の方向へ自然や社会を変えていこうとする人間の考え方あるいは態度であり，簡単には，それを「超克」したり，「ポスト近代」として次に来るものを示しうるものではない。

📖ブックガイド

三谷太一郎『日本の近代とは何であったか——問題史的考察』岩波書店(岩波新書)，2017年。
　＊日本の近代の成立を政党政治，資本主義，植民地，天皇制から解き明かす。
アンソニー・ギデンズ(松尾精文・小幡正敏訳)『近代とはいかなる時代か？——モダニティの帰結』而立書房，1993年。
　＊著名な社会学者の近代化論。
松本健一『開国・維新　1853～1871(日本の近代1)』中央公論新社(中公文庫)，2012年。
　＊なぜ日本が近代化できたのかが理解できる。
山本義隆『近代日本一五〇年——科学技術総力戦体制の破綻』岩波書店(岩波新書)，2018年。
　＊日本の近代化の過程を国主導の科学技術振興・信仰による総力戦体制と捉える。

2 市民革命と産業革命──近代政治・経済の原点

キーワード：大西洋革命・アメリカ独立革命・フランス革命・イギリス産業革命・南米独立運動

板　倉　孝　信

1　序論・概要

　本項では，「市民革命と産業革命」をキーコンセプトとして，「大西洋革命」「アメリカ独立革命」「フランス革命」「イギリス産業革命」「南米独立運動」をキーワードとして，18世紀末葉〜19世紀初頭の大西洋革命を中心とする教科書分析を行う。「市民革命」の範囲を広く取れば，イングランドの清教徒革命や名誉革命もここに含まれるが，これらはいずれも17世紀の事象であり，多くの教科書が当該項目では触れていないため，本項でも分析対象から除外しておく。また「産業革命」の範囲を広く取れば，第2次以降の産業革命もここに含まれるかもしれないが，こちらも市民革命と同様に時期が大きく異なることから，本項では差し当たり第1次産業革命のみを対象とする。その一方で大西洋革命に関する内容は，フランス革命の延長線上にあるナポレオン帝国や南米独立運動なども教科書で当該箇所に記載されているため，本項でも他項目と重複しない範囲内で言及していきたい。

2　論点・課題

　市民革命と産業革命に関する論点として真っ先に想起されるものは，「なぜ欧米で市民革命と産業革命が先行し，他の地域では遅れたのか？」という問いであろう。両者の前段階に相当する近世専制君主やプロト工業などは，アジアを中心に欧米以外でも存在したことが知られており，欧米以上に成功したと言

第Ⅰ部　近代化と私たち──歴史総合の分析(1)

える地域さえあった。しかしながら，欧米で政治・経済上の革命が先行した要因として，産業革命については教科書に詳細な説明（資本蓄積・私的所有権・大西洋貿易・輸入代替化など）があるが，市民革命については十分な説明が見られない。特にアメリカ独立戦争やフランス革命は，その過程を丹念に記述する必要があるため，欧米以外との比較に紙幅が割けない事情があるのだろう。ただし近世において欧米よりアジアに優位な側面があったことは，明清帝国の評価やシノワズリ（ヨーロッパで流行した中国趣味）などで示唆されており（実教『詳述』38-39頁），それらと絡めて説明するのもよいかもしれない。

　また市民革命と産業革命について，序文や注記で両者を「二重革命」と表現したものもあったが，両者は各教科書で別項目に記述されており，一体的な認識は比較的希薄である。歴史総合の教科書は内容が豊富であるため，テーマ史風の記述形式を採用せざるを得ず，南米独立を含めた「大西洋革命」という視点も，旧世界史Aより後退したように思える。アメリカ独立戦争・フランス革命・イギリス産業革命・南米独立運動は，すべて18世紀末葉〜19世紀初頭に集中的に発生した出来事であり，相互関係に注目した方が理解を促せるかもしれない。多くの教科書は市民革命と産業革命を続けて記述しているが，節や項を完全に切り離している事例もあり（東書『詳解』44-45，56-58頁），両者が同時期の出来事と認識されにくくなる懸念もある。一方で，南米独立運動と欧州市民革命の関係性については，問いや資料を用いて明確に意識できるように工夫されているものが多く，比較的説明しやすい。

　アメリカ独立革命が南米独立運動に影響を与えたのと同様に，フランス革命やイギリス産業革命も19世紀に入って他の欧米諸国に波及したが，それらは国民国家や世界市場の形成として別項目で記述されているものが多い。実際にフランスの七月革命や二月・三月革命は国民国家の形成という文脈で明示的に語られているが，ベルギー・フランス・ドイツ・アメリカなどの産業革命は必ずしも一様の文脈で語られていない。後者については，世界市場の形成や植民地支配の強化，交通・通信革命や第二次産業革命など様々な要素と絡めて記述されており，教科書ごとに相違が見られる点に特徴がある。イギリス産業革命と他国産業革命を連続的に記述した事例（山川『現代』28-33頁）と，両者を完全に

切り離して記述した事例（実教『詳述』44-45, 62-63頁）がそれぞれ見られた。特に後者に近い教科書では，イギリスと他国の産業革命を比較する視点が抜け落ちる恐れがあるため，解説時に注意すべきであろう。

3　現代との対話

　近代初期における市民革命と産業革命の現代的意義については，両者が「革命的変化をもたらした」と言えるかどうかという出発点から，再考してみる必要があると考えられる。資料分析でも触れるが，現代の基準から見るとアメリカ独立宣言やフランス人権宣言にも大きな限界があり，現実の近代社会はさらに大きな矛盾を孕んでいたことは，教科書でも指摘されている（帝国『明解』43-44頁）。また産業革命に関しても，技術革新や経済発展がもたらした負の側面として，格差拡大・児童労働・劣悪環境・寿命短縮などの問題が取り上げられている。しかし第一次産業革命の経済成長率が，現代の高度成長と比較にならないほど低かった（年1％程度）という学説（N. F. R. Crafts, *British Economic Growth During the Industrial Revolution*, Oxford, 1985／斎藤修「英国産業革命論の現在」『日本学士院紀要』第76巻第2号，2022年，203-234頁）に触れた教科書はほぼなく，経済発展が誇張される傾向にあるのは否めない。AI技術を中核とする第5次産業革命を迎える今日において，第1次産業革命の再評価は重要な意味を持っており，多様な側面から捉える必要があるだろう。

　また現代国家の基本構成である「政府」「議会」「憲法」「選挙」などの政治的諸制度は，その源流こそ前近代に求められるが，近代市民革命により欧米諸国に拡散していった。経済面もこれと同様に，起源こそ前近代に求められるが，現代社会を形成する「企業」「工場」「鉄道」「動力船」などは，第一次産業革命によって欧米諸国に普及していった。このように市民革命や産業革命が近代の起点として位置づけられ，多くの限界を抱えつつも「革命」と言える大きな変化をもたらしたのは，これらの政治・経済上の「質的な変化」に負う所が大きい（近藤和彦『文明の表象　英国』山川出版社，1998年など）。また二重革命の進行に伴い，労働・時間規律や権利・消費意識のような人々の社会認識や価値観に変

第Ⅰ部　近代化と私たち——歴史総合の分析(1)

化が生じており，事例もいくつか紹介されている（実教『詳述』14頁，帝国『明解』39-40頁）。農村を基本とする社会が都市を基本とする社会に変貌した契機としても，二重革命は現代社会を形成する契機となった時代であったと言えよう。

　さらに現代から遡って近代を捉える視点として，「早期に独立運動が展開されたにもかかわらず，なぜ南米には途上国が多いのだろうか？」という問いも重要である。アフリカ諸国に貧困国が多く存在することは，奴隷貿易による人的資源収奪や帝国主義による植民地再分割によって，第二次世界大戦後まで独立が遅延した点から想像しやすい。それに対して，欧州や北米から近代の影響を受け，アジアより早期に独立を果たした南米が，現代も貧困から抜け出せない点は，スペインやポルトガルによる植民地支配を踏まえても，直感的には理解しがたい。たしかに欧米諸国による介入や軍事政権による支配が，南米の発展を阻害した要素として触れられてはいるが，扱いは断片的で希薄という感覚が否めない。日本にとっては地球の裏側に当たる地域であり，教科書の言及が少ない点はやむを得ないが，南米独立運動に触れる際に，上記の問いかけだけでもしておくと良いかもしれない。

4　資料分析

　大西洋革命期には写真は存在しないため，教科書に掲載されている資料は，(1)絵画，(2)図表，(3)文書の3種に限定される。資料の目的としては，(A)ビジュアルを用いて理解を深めるため，(B)具体例からイメージを鮮明にするため，(C)比較・検証を通じて思考を促すための3つが考えられるが，特に歴史総合では(C)が重要な意味を持つ。本項目の記載箇所には資料が比較的多く掲載されているため，上記の(C)に該当する資料を中心に分析を進める。

　まず(1)絵画に関しては，ダヴィドとドラロッシュの描いた対照的なナポレオンの肖像画を取り上げており，依頼者の意図によってまったく異なる印象の絵画が描かれたことを指摘している（実教『詳述』16-17頁，帝国『明解』7頁）。またフランス革命の風刺画も様々な作品が掲載されており，第三身分に対する第一・第二身分の過度な搾取や圧迫により，革命が発生したことを訴えかけてい

る（実教『詳述』48頁，帝国『明解』35頁，山川『現代』40・43頁）。

　次に(2)図表に関しては，イギリスの工業生産量・エネルギー消費量・人口などがグラフで示されており，それらが産業革命を契機に急速に増加していることが窺える（実教『詳述』45頁，東書『詳解』44頁，山川『近代』19頁）。また産業革命期のイギリスの地図を示しつつ，炭田地域に10万人以上の都市が形成され，後にそれらをつなぐように鉄道が敷かれたことを示唆した事例もあり，思考力を高めるという点で非常に興味深い（実教『詳述』45頁）。

　さらに(3)文書に関しては，アメリカ独立宣言やフランス人権宣言の原文和訳が多くの教科書に掲載されているが，前述のように，それらの限界性と問題点を強調した事例も散見される（帝国『明解』43-44頁，山川『現代』40-42頁）。また産業革命期の各国での過剰飲酒・児童労働・労働災害に関する様々な文書を引用し，当時の労働者が置かれていた過酷で悲惨な状況を分かりやすく解説している（実教『詳述』14頁，東書『詳解』44頁，山川『現代』30頁）。

5　結論・考察

　日本の市民革命や産業革命については別項（「5　日本の近代化」）で改めて取り扱うため，本項ではあえて言及しなかったが，日本の急速な近代化を理解するためには，欧米との比較は避けて通れない。日本が「アジアの優等生」として19世紀後半に近代化を達成した背景に，「開国」後の海外制度・技術の積極的導入など，「後発性の利益」（A. ガーシェンクロン）を利用したキャッチアップがあったことは言うまでもない。しかしその奇跡的成功と引き換えに，副作用としての「中進性の罠」（同上）に陥ったため，日本は欧米以上に多くの矛盾を抱えながら戦間期の国際社会の中で孤立していった。こうした近代日本の経路選択を考察するためには，欧米の市民・産業革命との比較分析は不可欠と思われるが，教科書の記述箇所が分断されていることから，読者には意識しづらい構造となっている。こうした問題は教科書の編纂上どうしても避けられないため，これらの分断をどのように埋め合わせるべきかを意識した上で，コラム・特集・資料などを精選してもらえたら，非常にありがたく思う。

第Ⅰ部　近代化と私たち——歴史総合の分析(1)

📖ブックガイド

角山栄・川北稔・村岡健次『産業革命と民衆 (生活の世界歴史10)』河出書房新社 (河
　出文庫)，1992年。
　＊産業革命を「大衆の生活の変化」として捉え，飲食・旅行・衛生・娯楽等のテー
　　マから，機械化の意義を問い直している。
A. ハミルトン，J. ジェイ，J. マディソン (斎藤眞・中野勝郎訳)『ザ・フェデラリスト』
　岩波書店 (岩波文庫)，1999年。
　＊米憲法批准を訴えるため著された名著。権力の抑制と均衡を基礎に近代共和制原
　　理を示し，後に憲法解釈の根拠となった。
エドマンド・バーク (中野好之訳)『フランス革命についての省察 [上・下]』岩波書店
　(岩波文庫)，2000年。
　＊フランス革命期に著され，近代保守主義の起源ともされる名著。名誉革命との相
　　違からフランス革命の急進性を批判した。
T. C. W. ブラニング (天野知恵子訳)『フランス革命 (ヨーロッパ史入門)』岩波書店，
　2005年。
　＊フランス革命を様々な視点から分析し，革命をめぐる議論を批判的に整理するこ
　　とで，その起源と影響を多角的に考察した。
ジェフリー・エリス (杉本淑彦・中山俊訳)『ナポレオン帝国 (ヨーロッパ史入門)』岩
　波書店，2008年。
　＊フランス革命との連続性と断絶性を中心にナポレオン体制を描き，その帝国が欧
　　州に及ぼした影響を各側面から分析した。

3 国民国家——政治的概念の成立とその展開過程

キーワード：国民，ウィーン体制，自由主義，ナショナリズム，歴史主義

石 塚 正 英

1 序論・概要

　本項では「国民国家」をキーコンセプトとし，「国民」「ウィーン体制」「自由主義」「ナショナリズム」「歴史主義」をキーワードとして，19世紀ヨーロッパ政治史を中心とする教科書分析を行う。「国民国家」とは，人為的に形成された「国民」によって構成されている国家であり，理念的には自らが属す集団の一員であることに自らの存在意義を見出す「国民」が形成され，彼らを主体とした国家形成が行われることで成立する。「国民」の範囲を広く取れば，政治のみならず経済や文化にも及び，またいわゆる「一民族一国家」を形成するに至らない諸民族も存在したが，本項では政治的概念の成立とその展開過程を主要対象とする。それ以外の4キーワードは，時代思潮や文化など政治以外の諸概念に及ぶ。

2 論点・課題

(1) ウィーン体制は復古王政をもたらしただけか

　ウィーン体制は近代化の動きを阻止する歴史事象としてあるが，教科書の説明ではナポレオン戦争後の復古王政といった単なる反動・伝統維持として記されるケースが大半である。けれども，ウィーン会議をもって国際協調の振り子は動きを再開した。ウィーン体制を梃子にして，ドイツのブルシェンシャフト（ドイツ学生同盟）は誕生し強大化した。スペインでは，1820年にリエゴを指導者にして革命が勃発し、1812年の憲法が復活することとなった。かように，前

第Ⅰ部　近代化と私たち——歴史総合の分析(1)

代の中に後代の要因が芽生えている局面や，一つの原因が複数の結果を生み出す展開を可視化するような記述が教科書には必要である。19世紀前半における自由主義や個人主義の進展とその弾圧を相互的に学んでこそ，1848年革命の意義をいっそう明確に理解できる。さらには，「自由・平等・博愛」をスローガンにして前近代を打破したはずのナショナリズムや歴史主義が，19世紀後半に至れば反転して，自由概念・個人概念を抑制するようになっていく。ドイツではゲルマン魂やアーリア人種優等説などが唱えられ，日本では大和魂や万世一系説などが唱えられた。

　こうして国家構成員としての国民は，時として他国民との共通性，連帯感を構築するよりも，固有な民族としての個性・独創性を強化していった。歴史上における因果は単系的に連なるのではなく，あるときは多様に，あるときは転倒して連なるという経緯を学ぶべきである。歴史総合の学習にはそうした動体視力的対応が必要といえる。

(2) なぜ，ナショナリズムや歴史主義が反転して，自由概念・個人概念を抑制するようになったのか

　フランス革命前後から19世紀前半にかけて，西欧における国民概念の創出は，近代世界の統合過程にきわめて積極的な役割を果たした。多くの教科書は，市民革命を通じて中世以来の身分制や領邦支配を打破した後に登場する近代国家を積極的に記している（東書『詳解』60-61頁）。そうした学習は，政治的システムとしての国民国家以上に，時代思潮としてのナショナリズムを理解するのに意義深い。教科書によってはナショナリズム（国民意識）の段落中に記しているケースもある（山川『近代』44-45頁）。最初に意識が醸成し，その結果として運動が拡大するともいえるからである。

　ところで，国民国家創出の原動力である近代市民社会は，歴史上ではイギリスやフランスなど西欧に限られる。アメリカは，絶対主義からでなく市民革命後のイギリスから独立したので，厳密には英仏と区別するべきである。国民とか国民国家とかの自生的な形成も西欧地域に限られるともいえる。しかし国民国家の形成は世界史上の出来事に扱われてきた。英仏に遅れて，あるいは英仏に影響されて近代化に着手したドイツ・イタリア・東欧・ロシア・日本などは

イデオロギーとしてのナショナリズムの創出が第一の課題となった（山川『現代』45頁）。明治維新後の日本では，あるいは後に中国で辛亥革命（1911～12年）を成功させた孫文などは，革命前後に国民（概念と実体）をつくり出さねばならなかった。21世紀の現在において国民国家の概念と歴史を学ぶには，英仏等の西欧を基本とし東欧ほかを後発とか不完全とみなす発想では済まないと思われる。なお，「不完全」とは，いずれは完全になる，ということでなく，そもそも類型を異にする，あるいは多様化の一つ，という捉え方である。

3　現代との対話

　19世紀は，国家や民族の発展を個性の発露とみる歴史家ランケの立場，すなわち歴史主義の時代と称される。それに先立つ18世紀末から勢力を得たロマン主義者たちは，啓蒙主義者たちが唱えた普遍主義を捨て，あらゆる事物に対し，それ自体に特有な個性を認める立場に移行した。それは，たんに人間一人一人の個性という意味だけでなく，1つの民族，1つの時代に各々個性を見出す。個性の発展としての歴史は，一回性をもつものであり，決して繰り返すことがない。この歴史を個性の発展とみなす立場は「歴史主義」と称され，19世紀の主流をなしている。

　さて，そのような歴史の一回性は，20世紀に至りグローバリズム（世界関連体）の歩みとともに，多様化してきた。世界史に対する動体視力でもって「歴史総合」教科書を読むと，以下の諸点に観察される。(1)19世紀の社会主義，(2)弱小民族「諸国民の春」，(3)中南米の多様性（東書『詳解』63頁），(4)女性（帝国『明解』44頁）である。

　(1)については，ロバート・オーウェンやサン・シモン，シャルル・フーリエたち「初期社会主義」の説明が斬新である（東書『詳解』59頁）。彼らの説いた共同体や協同組合はみな挫折したが，国民国家への発展とは違った，もう一つの選択肢として現代的な意義を持たせているのである。(2)は，ロシア・オーストリア・オスマン帝国といった大国の支配下にあった東欧・南欧の弱小諸民族におけるナショナリズム興隆を指している（実教『詳述』50頁）。その抵抗運動

は，21世紀の今日，いわゆる「グローバル・サウス」との絡みで有益な学習素材となるはずである。20世紀にあって地理的に南北間にあった経済格差は，21世紀に至って南北いずれにも弱小国と強国が存在するというモザイク模様が現象している。いわばかつて貧困の代名詞であった「サウス」が今や北半球にも指摘できる時代に入っているのである。なお，(2)にはアジアのナショナリズムも妥当する（山川『現代』101頁）。市民革命や産業革命を経験しないまま国民国家を形成するというアジアでの動向は，むろん変則的・例外的な対応が避けられなかった。ただし，それが本格化するのは20世紀なので，ここで学習する必要はないかもしれない。しかし，19世紀中南米に関する(3)は現代との対話に外せない（東書『詳解』63頁）。すべて，現代との対話にとって学ぶべき歴史的出来事である。

　現代との対話において忘れてならないテーマに(4)がある。それはたとえば「もう一つの人権宣言」に示される（帝国『明解』44頁）。フランス革命期の1789年10月，フランスの女性たちは男女差別の露わな「人権宣言」を批判しつつ，政治上における男女同権を国民議会に建議した。その代表オランプ・ド・グージュは，1793年のジャコバン憲法が男子のみの権利の表明であるとしてこれに反対し，自ら17条からなる「女権宣言（ないし女性の権利宣言）」を主張し，その中で，男女同権・婦人参政権などを真っ先に要求した。この運動を学ぶことは，日本で参政権が18歳に引き下げられた現在，きわめて有意義である。

4　資料分析

　教科書には，「問いを資料から考える方法を身につける」（東書『詳解』3頁）と明記してある。「国民国家」に関連する教科書に掲載されている資料は，(1)絵画，(2)地図，(3)図表，(4)文書の4種に限定される。以下において，それぞれに関する分析を試みる。

　(1)の一つに風刺画（カリカチュア）がある（実教『詳述』56，60-61頁）。『種の起源』著者ダーウィンをチンパンジーのように描くことで，キリスト教的価値観からの批判を戯画的に表現したものである（山川『近代』51頁）。19世紀には政治

的なカリカチュアが流行した。文字による，文字を通しての歴史解釈を，カリカチュア・挿し絵・ビラなどを通して歴史解釈を補強ないし修正するのである。1848年革命は「ビラの革命」とも称される。

(2)は国民国家への領土の統合を示すのに役立つ（帝国『明解』49頁）。その地図（版図）を統一過程の時系列に即して読み解くと，国家とはいかに人為的に，政治的に，いや軍事的に形づくられたかが判明する。(3)では，ヨーロッパ・アジア間の貿易変化（帝国『明解』31頁），多民族国家内の宗教別人口比較（山川『現代』47頁）などが意義深い。(4)では，国民（国家）の創出を象徴する宣言的文書が目を引いている（東書『詳解』60頁，山川『現代』45頁）。

5　結論・考察

2019年末に発生したコロナ・パンデミックで，現代人は全世界へのウイルス感染波及効果が凄まじいことを知った。その背景には，航空機・船舶を中心にして，人々の移動手段が超高速に，グローカル（グローバル＋ローカル）に転回している点が遠因として存在する。それにインターネット革命＋量子コンピュータ革命を加算すると，リアルとメタバースをひっくるめて，万物がユニヴァースに流転する世界が現実のものとなっている。その状況下において，国民国家のみが変化を被らないはずはない。あるときは多国籍国家として，またあるときは国際科学者チームが企画した宇宙国家アスガルディア（北欧神話に登場する神々の空中世界）として，国民国家はそのあるべき姿を著しく変質させている。その動向にはまた，国民概念の変質あるいは喪失の過程が様々に伴っている。

これまで，自由主義もナショナリズムも，まずは政治的なシステム・概念だった。その後20世紀から21世紀に至る間，いわゆる新自由主義化の渦中で，国家のなすべき事柄の民間移管すなわち民営化ないし商品化が突き進んできて，諸国民の貧困化が再現されている。

以上の現状分析に関係すると思われる記述を，教科書から拾ってみる。たとえば，「これからの未来を考えるうえで，特に参考にしてほしい事項について

第Ⅰ部　近代化と私たち——歴史総合の分析(1)

紹介しています。なかでも自由と制限，平等と格差，開発と保全，統合と分化，対立と協調の視点を取り上げています」（帝国『明解』7頁）。ここには，以上に対の形で取り上げられたテーマが，まさしく国民国家・自由主義・ナショナリズムのすべてが被ってきた変化の先を捉えるよう，学習者に提起されているのである。

📖ブックガイド

谷川稔『国民国家とナショナリズム（世界史リブレット35）』山川出版社，1999年。
　＊国民国家は近代の産物でありフィクションであるとし，20世紀後半に至ってその終焉が論じられることもあるが，現代世界はそう単純ではない。本書は，改めてドイツ・フランス・イギリスを例として，近代国民国家の形成を確認することを課題としている。
川瀬貴之『リベラル・ナショナリズムの理論』法律文化社，2021年。
　＊リベラルな国民統合，ネイションの自律，ネイションをめぐる加害と被害，人とモノのグローバリズム，等々を考察しており，未来志向のスタンダード版と思われる。
ヨラム・ハゾニー（庭田よう子訳）『ナショナリズムの美徳』東洋経済新報社，2021年。
　＊18〜19世紀の古典的なナショナリズムの積極性を認め，かつ20世紀後半の国際協調を打破するかにみえる21世紀の「アメリカファースト」的な動向を分析している。
小川浩之・板橋拓己・青野利彦『国際政治史——主権国家体系のあゆみ［新版］』有斐閣，2024年。
　＊均衡勢力（balance of power）とナショナリズムという観点から，18世紀の軍事的体制からウィーン体制の非軍事的体制を論じている。現代政治に参考となる。

4 世界市場の形成とアジアの変容──「大分岐」を考える

キーワード：世界市場，「西洋の衝撃」，タンジマート，インド大反乱，アヘン戦争，洋務運動

佐久間俊明

1 序論・概要

本項は，「世界市場の形成とアジアの変容」を主題とする。産業革命を経験したイギリスをはじめとする欧米諸国は原料や市場を求めて地球上の諸地域に進出し，世界市場の形成が促された。欧米諸国によるアジアへの進出は，アジア諸国には「西洋の衝撃」と受け止められ，対応を迫られた。本項では「西洋の衝撃」へのアジア諸国の対応について検討するが，アジア諸国を総花的に取り上げるのは「世界史探究」に任せ，アジアの大帝国，すなわち，オスマン帝国 (西アジア)，ムガル帝国 (南アジア)，清 (東アジア) を主たる分析対象とする。また，対象とする時期は，帝国主義が本格化する前，すなわち，19世紀前半から半ばまでとする。日本に関しては比較の観点から若干言及するが，詳しくは「5 日本の近代化」を参照されたい。

「歴史総合」の大きな見取図は，「18世紀までの世界において経済面で優位にたっていたアジアは，ヨーロッパに遅れをとるようになり，立場が逆転していった (「大分岐」)」というものである (実教『詳述』62頁)。本項は，「豊かなアジア」と「模倣するヨーロッパ」の立場が逆転していく「大分岐」の時期を中心に議論を進める。

本項の主題は歴史総合の大項目「B 近代化と私たち」に含まれる。教科書の構成は，次のように大別できる。一つは，「学習指導要領」を踏まえて中項目「(2) 結び付く世界と日本の開国」と「(3) 国民国家と明治維新」の中で取り上げている (山川『現代』，東書『詳解』)。2つの中項目で扱っているため，主題

37

を統一的に理解することが難しい構成になっている。ただし，東書『詳解』は，中項目 (3) に「アジアの諸国家とその変容」という項目を設けてこの難点を克服しようとしている (64-65頁)。もう一つは，従来の世界史Bの教科書を踏まえて，欧米諸国の進出によるアジア諸地域の動揺を，西アジア，南アジア・東南アジア，東アジアの順に検討している (実教『詳解』，山川『近代』，帝国『明解』)。後者の方が教員にも生徒にも学びやすいが，これは教科書というよりも「学習指導要領」の構造上の問題である。

2　論点・課題

　本項の論点として重要な〈問い〉は，(1)「産業革命を経て形成された世界市場はどのようなものだったのか」，(2)「19世紀のアジアに，欧米諸国はどのようにして進出しようとしたのだろうか」，(3)「欧米諸国の進出に対して，アジア諸国はどのように対応していったのだろうか」である。

　(1)については，産業革命を経て圧倒的な工業生産力を持つに至った「世界の工場」イギリスが，自国工業製品の販売拡大を目指して自由貿易を要求したことを押さえ，さらに金融面でも優位に立って「世界の銀行」と呼ばれるようになったことを理解したい。続けて欧米諸国の工業化に触れ，併せて「世界の緊密化」の背景として交通革命やスエズ運河の開通 (1869年)，通信革命についても言及したい。ここでは19世紀後半の「電信網の発展」を示した地図を生徒に読み解かせるとよいだろう (東書『詳解』46-47，52-53頁，実教『詳述』62-63頁，山川『現代』32-33頁)。

　(2)(3)については，とくに(3)に力点をおき，オスマン帝国，ムガル帝国，清の順に検討する。

　18世紀後半からイギリス・ロシアによるオスマン帝国への進出が激しくなり，19世紀にはギリシアの独立，エジプトではムハンマド＝アリーによる自立の動きがみられた。オスマン帝国は，ムスリムと非ムスリムの平等を唱えた「オスマン主義」のもと，近代国家の形成を目指してタンジマートと呼ばれる改革を開始した。改革を宣言した1839年のギュルハネ勅令は，すべての人々の

4　世界市場の形成とアジアの変容――「大分岐」を考える

生命や財産の保障と，宗教の自由と平等が謳われた。1876年には国民の平等，議会制，言論の自由などを保障したミドハト憲法が公布されたが，ロシア＝トルコ戦争を契機に憲法はわずか2年で停止された（山川『現代』47頁，実教『詳述』68頁，帝国『明解』57-58頁）。オスマン帝国では国民統合が難しかった理由を，グラフ「オスマン帝国の宗教・宗派別人口構成」から読み取らせたい（山川『近代』56頁，山川『現代』47頁）。さらに，「立憲制の広まり」という観点からミドハト憲法と大日本帝国憲法を比較することは重要である（東書『詳解』70頁）。この点は「6　立憲制」も参照されたい。

　1757年のプラッシーの戦い以降，イギリスによるインドの植民地化が進んだ。イギリスの支配への反発から1857年に幅広い層の人々が連帯したインド大反乱が北インド全域に拡がった。反乱を鎮圧したイギリスはムガル帝国を滅ぼして東インド会社を解散し，1877年にヴィクトリア女王を皇帝とするインド帝国を成立させた。インド大反乱が民族運動の原点と評しうる出来事だったことを指摘したい。

　自由貿易を要求するイギリスと清の対立から1840年にアヘン戦争が勃発し，敗北した清は開港を迫られた。開戦までの経緯は「片貿易」・「三角貿易」の図を示しながら説明するとよいだろう（帝国『明解』61頁，山川『現代』35頁）。太平天国の内乱で清が動揺するなか，対中国貿易が伸びなかったイギリスは，フランスとともに第2次アヘン戦争（アロー戦争）を起こして勝利する。天津条約・北京条約の結果，欧米諸国の進出は加速し，清は欧米との関係では主権国家体制を受け入れることになる。

　以上の歴史的経緯を学びつつも，歴史総合では(a)「中国の開港と日本の開国」の違いおよび(b)「西洋の衝撃」に対する近代化改革の相違を考察することがより重要である。このうち(a)に関しては，考察する資料は提示されてないが，山川『近代』には「中国の『租界』と日本の『外国人居留地』には，どのような違いがあったのだろうか」という〈問い〉が掲載されている（60頁）。また，東書『詳解』は，コラム「中国の海関」の中で関税徴収を外国人が担当した中国と，開港当初から江戸幕府の役人が担当した日本との違いを紹介している（50頁）。また(b)に関しては，山川『近代』には「清の洋務運動と日本の明治時代初

第Ⅰ部　近代化と私たち——歴史総合の分析(1)

期の諸改革には，どのような違いがあるだろうか」という〈問い〉が提示され
ている (61頁)。ややスケールの大きな問いであり，比較の軸を示さないと生徒
は考察しにくいだろう。実教『詳述』は，「ACTEIVE　文明化に向き合う東ア
ジア諸国」で「西欧化にともなう服装の変化」についての李鴻章と森有礼の議
論を紹介し，西欧化＝近代化に向き合う両国の相違を，服装という具体的な事
例を手がかりに考察させている (85頁)。

3　現代との対話

　ここでは実教『詳述』の「ACTIVE　『大分岐』について考える」(64-65頁) を
取り上げる。「大分岐」は，アメリカの経済史家ケネス・ポメランツの議論に
基づく視角である (62頁)。

　この特集では，3つのグラフと文字資料を取り上げ，〈問い〉が設定されてい
る。最初のグラフは，「16世紀から19世紀後半までの日本・中国・西ヨーロッ
パにおけるGDP (国内総生産) の推移」を示したものである。このグラフを読み
解くことで，生徒は19世紀前半に西ヨーロッパが中国を追い抜いたことを理解
することができる。次のグラフは，「18世紀後半から21世紀はじめまでの『各
国・地域の工業生産比』(世界の工業生産に占める各国・地域の割合) の推移」を示
したものである。STEP 1 では，1750年における中国・東アジア・インドの工
業生産が世界の工業生産に占める割合を読み解くことが課題だが，およそ60％
となる。STEP 2 では，19・20世紀に中国・東アジア・インド，ヨーロッパ・
北アメリカの工業生産が世界の工業生産に占める割合の変化を読み解くことが
課題である。19世紀を通じてヨーロッパ・北アメリカの割合が増える一方，中
国・インドの割合は減少している。この傾向はソ連をヨーロッパに含めると20
世紀も続き，1980年代に入ってようやく中国・インドの割合が増加に転じる。
最後のグラフは，実教以外の教科書にも掲載されている「アジアとヨーロッパ
の間での綿織物の取引」の推移を示したグラフである。アジアからヨーロッパ
への手織りの綿織物の輸出額を，1820年頃にイギリスからアジアへの機械制綿
織物の輸出額が追い抜いていく「変化」を生徒に読み取らせ，その上で「イギ

40

4 世界市場の形成とアジアの変容──「大分岐」を考える

リス人インド総督のことば」と「マルクス『イギリスのインド支配』」を手がか
りに，この「変化」がインド社会に与えた影響を考察させている。

「大分岐」がどのような歴史的経緯で起こったかを考察することが一番の課
題だが，それだけではなく，グラフの分析を通して20世紀末以降，中国やイン
ドをはじめとするアジアが急速に経済成長を遂げた歴史的背景やその影響を考
察できるようにも構成されており，「現代との対話」の観点からも有益である。

4 資料分析

歴史総合の学習を通して，ほとんどの生徒は世界史を本格的に学び始めるこ
とになる。とりわけ西アジア・南アジアは高校生にとってなじみの薄い地域で
あり，歴史学習における地図の読み解きの重要性を生徒に伝えたい。

世界市場の形成に関しては，地図「『世界の工場』イギリス」(19世紀前半) が
複数の教科書に掲載されており，緊密化する世界市場を空間的に把握できる
(東書『詳解』47頁，実教『詳述』62頁，帝国『明解』41頁)。

オスマン帝国に関しては，地図を通して領土縮小の過程を確認させたい (山
川『現代』47頁，帝国『明解』58頁など)。併せて現在の世界地図を比較することで，
現在のどの国の辺りか学ぶことができる。

インドに関しては，植民地インドの領域を示した地図が複数の教科書に掲載
されており，インド大反乱が広がった地域やイギリスのインド支配の拡大を読
み解くことができる (帝国『明解』60頁，実教『詳述』70頁，山川『近代』57頁，東書『詳
述』65頁)。興味深い地図として帝国『明解』に掲載された「インドの作物と鉄道
網」がある。「なぜ，イギリスは鉄道を敷設したのだろう」という問いがあり，
イギリスが綿花などの作物を輸出するために鉄道を敷設したことを読み解くこ
とができる (59頁)。

中国に関しては，地図「太平天国とアロー戦争」が複数の教科書に掲載され
ている (実教『詳述』73頁，帝国『明解』62頁，東書『詳解』49頁，山川『現代』35頁)。
太平天国の主な活動範囲を地図で確認することで，太平天国の内乱が清に与え
た影響が深刻だったことがわかる。また，アヘン戦争の南京条約とアロー戦争

第Ⅰ部　近代化と私たち——歴史総合の分析(1)

の天津条約・北京条約の開港場を比較することで，欧米諸国の進出が沿岸部から内陸部へと拡大している様子を理解することができる。

5　結論・考察

「西洋の衝撃」を受けてアジア諸国では近代が始まり，それは自由貿易をルールとする世界市場への強制的編入を意味した。本項の主題に関して言えば，「19世紀なかばのアジア諸国の変容を比較すると，どのような共通点と相違点を見出すことができるだろうか」(東書『詳解』65頁)が総括的な〈問い〉となるだろう。さらにいえば，アジア諸国にとって近代の出発点となったのがこの「大分岐」の時期であり，その影響がアジア諸国の近代化への歩みを規定していくことになる。したがって，本項で取り上げた論点は，これ以降の歴史総合の学びの中で繰り返し参照されることになるのである。

📖ブックガイド

林佳世子・吉澤誠一郎責任編集『岩波講座世界歴史17　近代アジアの動態』岩波書店，2022年。
　＊近年の研究を踏まえて19世紀アジアに関して多様な論点が提起されており，本項の主題を理解する上で参考になる。アジアに進出した19世紀ヨーロッパについては第16巻を参照されたい。
吉澤誠一郎『清朝と近代世界——19世紀 (シリーズ中国近現代史1)』岩波書店 (岩波新書)，2010年。
　＊18世紀末から日清戦争開戦前夜までを対象に，近代世界の中で存亡の危機に直面しながらも自己変革を遂げていった清朝の歩みを描く。
山内昌之『近代イスラームの挑戦 (世界の歴史20)』中央公論新社 (中公文庫)，2008年 (初出1996年)。
　＊19世紀，西洋の進出によって存亡の危機に陥ったイスラーム世界の改革運動と近代化への挑戦の道を描く。
長崎暢子『インド大反乱　一八五七年』筑摩書房 (ちくま学芸文庫)，2022年 (初出1981年)
　＊民族運動の出発点といえるインド大反乱を包括的に分析した古典的名著。
菊池秀明『太平天国——皇帝なき中国の挫折』岩波新書，2020年。
　＊太平天国についての入門書。

5 日本の近代化——世界の中の日本

キーワード：日本の開国，明治維新，文明開化，日本の産業革命

川 島 祐 一

1 序論・概要

　本項の「日本の近代化」について学習指導要領は，「産業社会と国民国家の形成を背景として，人々の生活や社会の在り方が変化したことを扱い，世界とその中における日本を広く相互的な視野から捉えて考察し，現代的な諸課題の形成に関わる近代化の歴史を理解できるようにすること」（『高等学校学習指導要領（平成30年告示）解説　地理歴史編』2018年〈以下『解説』と記述〉，140頁）をねらいとする。

　学習指導要領では，アジア諸国とその他の国や地域の動向を比較したり，相互に関連づけたりして，「18世紀のアジアの経済と社会を理解する」「アジア諸国と欧米諸国との関係の変容などを考察し表現して，工業化と世界市場の形成を理解する」こと（『解説』142-143頁）もねらいとされる。

　ここでは19世紀中葉から20世紀初頭の日本近代を中心とする時代をみる。特に19世紀後半を「近代」というが，日本は明治維新であり，文明開化が合言葉であった。明治期の日本は，東アジアの「近代化」を牽引した。アジア諸国の「開国」の過程と比べ，日本は西洋文明との摩擦や軋轢がはるかに少なかった点も押さえておきたい。

　「日本の近代化」は諸外国の法制に多くを学んだ。さらに，開国・開港による意識の変革は国内の体制を激変させた。「権利意識と政治参加や国民の義務」（『解説』142頁）など挙げられるが，これらは「6　立憲制」で扱う。

第Ⅰ部　近代化と私たち──歴史総合の分析(1)

2　論点・課題

　日本の開国について,「欧米諸国の進出と19世紀のアジア・太平洋地域の変容は, どのような相互的な関係にあったか?」「日本への外国船来航が増えた背景には, 欧米社会のどのような変化があったか?」といった論点が挙げられる。

　明治維新は,「19世紀における西欧列強の世界進出の中で日本が国家存立の危機に立たされ, そこから脱出するための重要な一連の事件である」とし,「万を超える軍事力を有していた徳川将軍家がすんなり江戸開城したこと自体, 世界史に類例を見つけるのが難しい, 奇跡的な出来事であった」(岩下哲典「「江戸無血開城」と明治維新」猪瀬久美恵責任編集『つなぐ世界史3　近現代　SDGsの歴史的文脈を探る』清水書院, 2023年, 20頁)との評価もある。それでも戦争は起こったが,「徹底抗戦を避けた徳川家の姿勢もあって泥沼化には至らなかった。このことは, 新政府によるすみやかな体制づくりを可能にした」(実教『詳述』80頁)。新政府は, 公議世論と開国和親を重視する「五か条の誓文」を発し, また, 旧幕府時代と変わらない生活を求める「五榜の掲示」を示した。論点としては,「新政府は明治維新によって何を変えようとし, 何を変えようとしなかったか?」が挙げられる。

　文明開化は, 西洋諸制度の模倣的導入である学制, 改暦, 廃藩置県, 徴兵令のことをいい, また皇族の洋装化と行幸や祝祭日の制定なども含む。このように, 西洋化が日本の目標になり, 西洋由来の知識や価値観は「文明」とされ, それにふさわしくないものは「野蛮」とされた。明治初年に起きた神仏を分離する廃仏毀釈運動では, 全国仏教寺院の6割が破却された。

　論点としては,「このような改革は, 市民社会の形成にどのような意味をもったか?」が挙げられる。実教『詳述』「違式詿違条例」(軽微な犯罪を取り締まる刑罰法──著者)「神仏分離と廃仏毀釈」(83頁)などをもとに, 考えることができる。

　日本の産業革命は,「富国強兵」とともに推し進められた殖産興業政策による(実教『詳述』82頁)。政府は, 旧政府や幕府施設を引き継ぎ造船所や軍事工場

44

を設立した。また，輸出品の向上にも力を注ぎ，生糸工場のモデルとして群馬県に官営の富岡製糸場を設けた。論点としては，「製糸工場に外国人技師を雇い全国から工女を集めた政府の狙いは何か？」が挙げられる。

東書『詳解』「綿紡績と製糸─生産の近代化」(55頁) に，「動力化によって糸に撚りをかけ巻き取る工程が自動化されたが，糸の太さを均一に保つために繭の繊維を補充する作業 (繰糸) は人間の手によって行われた」と説明がある。工女たちの「器用で繊細な指」が求められたのだろう。

他に，日本や清の開国により「東アジアには，新しい貿易ネットワークが生まれた。このネットワークの内と外で欧米商人が活動することで，アジアの経済は世界の資本主義経済へと次第に組み込まれていった」(東書『詳解』50頁) とネットワークを強調したり，小見出しに，「「日本国民」の創出」(帝国『明解』71頁) と付けたりすることで，この時代に国民が誕生したことを強調するなど，各教科書ともに記述の工夫がみられる。

3　現代との対話

帝国『明解』に書かれた「オランダから幕府にもたらされた情報」(63頁) のように，日本の開国には，欧米諸国による軍事的な圧力 (蒸気船) がかけられた。

まず，簡単にヨーロッパの産業革命について触れておこう。それは18世紀にイギリスから始まった。「この産業革命から人々の生活はどのように変わったか？」を考えてみたい。生産方法の変化が起こり，工場制機械工業が成立した。それにより，資本主義社会が成立していくことになる。

石炭をエネルギー源とする蒸気機関が発達し，蒸気機関車や蒸気船が発明される。安く大量に生産した商品を売りさばく，市場を求めることになる。

工業化と環境問題は切っても切れない関係である。大気汚染によって都市の空気は劣悪になり，住民の寿命は縮まった。この劣悪な環境から労働者を救い出そうという議論の中から社会主義は生まれた。

産業革命は，欧米に急激に広まったが，「なぜ，日本に最初に開国を迫ったのはイギリスではなくアメリカだったのか？」を論点として挙げたい。

第Ⅰ部　近代化と私たち——歴史総合の分析(1)

　ペリーが浦賀沖に来航したのは1853年だった。この時期は，ヨーロッパ諸国はクリミア戦争という国際戦争を行っていた。アメリカは西部へのフロンティア拡大を進め，1848年にはカリフォルニアを獲得し，太平洋に出やすくなった時期であった。山川『現代』「ペリーが日本に派遣されたいきさつ」(34頁) には，「合衆国が……カリフォルニア地方を獲得すると，太平洋を臨むその地の利から，（中略）アジアとの直接の交易は当たり前のこととして考えられるようになった。むろん，そこには蒸気の力が念頭にあり」とされ，その燃料をどこで調達するかが問題であると記されている。

　アメリカが日本に開港を求めた理由は，「中国への太平洋横断航路や，北太平洋で操業している捕鯨船への供給地として」(山川『現代』36頁) 必要としていたからだった。

　東書『詳解』の「毛皮交易と捕鯨がかえた太平洋世界」(51頁) の中では，「18世紀後半から各国で進展した産業革命により，工場の長時間運転に必要な照明用燃料として鯨油が重宝された」と説明されている。

4　資料分析

　日本の産業革命にしても，技術革新や経済発展がもたらした負の側面として，格差拡大・劣悪環境下での労働などの問題が取り上げられる。

　東書『詳解』の「日本の産業革命と女性労働」(54頁) によると，「彼女たちは10代なかばで故郷を離れ，寄宿舎で共同生活を営みながら１日12時間をこえる労働に従事」したことや，「紡績業では24時間操業が行われ，女工は１日２交代制で深夜労働に従事し，なかには昼夜連続で働く者もいた」。

　環境にもたらした負の影響も大きく，山川『現代』の「環境汚染　テムズ川の汚染」(70頁，風刺画) によると，「それまでなかったコレラの大流行」が発生し，「19世紀後半に上下水道が整備されると，コレラの大流行がみられなくなった」と，コレラ大流行の原因を生活排水や工場排水によるものであることを説明している。

　日本でも，「1858年には，長崎から入ったコレラが本格的に流行して江戸な

どで多くの死者を出し，明治以降も定期的な流行が続いた」（実教『詳述』77頁）。また，東書『詳解』は「コレラ流行の風刺画」（33頁）を載せるだけでなく問いも提示され，ポスト・コロナを考えるきっかけとなる。

日本での産業革命の進展も，排水による公害事件を引き起こしている。山川『近代』の「足尾銅山と被害地の関係図」（98頁）のように，足尾銅山からの鉱毒流出により，渡良瀬川の広域にわたって公害が発生したが，操業停止がされず対応が遅れ，現代につながる問題となった。

現在でこそ，サスティナビリティ（持続可能性）の概念が重要になっているが，このように歴史をふりかえると，足尾銅山鉱毒事件や水俣病にしても，金銭の補償だけで話を解決しようとし，「発生源対策」をしなかったことなど原因がみえてくる。産業革命と公害は切っても切れない関係にあり，明るい発展にばかり目を向けず，公害史についても丁寧に読み解いていく必要があるだろう。

5 結論・考察

本項では日本の近代化に関する教科書分析を試みた。そこには「現在まで残された近代化の課題」も含まれていた。

明治維新を画期として近代日本社会を築き上げようとした当時の人々が，どのように欧米諸国の人々が開発した機械制大工業を移植して市場経済化を図り，自らの産業革命を行ったのか。そこにどのような問題が生じたのかを探究する必要がある。

17世紀の貿易統制によって欧米世界との関係を制限した日本は，19世紀中葉にアメリカのペリー率いる「黒船」の脅威によって開国した。諸外国との関係を断っている間に，経済力・軍事力の格差が大きく開いていた。この列強との大きな格差を埋める要因として産業革命の最中に日本が行った2つの戦争があった。日本はその結果として急速に帝国主義化したのであった。このことについては，「7　帝国主義」で論じる。

第Ⅰ部　近代化と私たち——歴史総合の分析(1)

📖ブックガイド

井上勝生『幕末・維新（シリーズ日本近現代史１）』岩波書店（岩波新書），2006年。
　＊黒船来航から，明治維新へ——激しく揺れ動いた幕末・維新とはどういう時代
　　だったのか。東アジア世界に視点を据え，開国から西南戦争までを描く通史。
藤田覚『日本の開国と多摩——生糸・農兵・武州一揆（歴史文化ライブラリー）』吉川
　弘文館，2020年。
　＊黒船来航や開港・自由貿易の開始は多摩の政治・経済・社会に何をもたらした
　　か。最大の輸出品，生糸生産を支える一方で生じた経済格差，農兵が鎮圧した武
　　州一揆について丁寧に読み解く。
百瀬響『文明開化　失われた風俗（歴史文化ライブラリー）』吉川弘文館，2008年。
　＊明治政府が推し進めた文明開化政策。華やかさの一方，入墨や混浴などを禁止し
　　た違式詿違条例が施行された。風俗統制は，日本社会に何をもたらしたか。その
　　実態を探り，日本人の文明観に影響を与えた文明開化を問い直す。
石井寛治『日本の産業革命——日清・日露戦争から考える』講談社（講談社学術文庫），
　2012年（初出1997年）。
　＊製糸・紡績・鉄道・鉱山・金融。日本の近代化を支えたのは戦争と侵略だったの
　　か。「殖産興業」が「強兵」へと転換する過程から世界経済の中で日本が選択した
　　道を描く。

6 立憲制——なぜ憲法を求めたか

キーワード：立憲制（日本，オスマン帝国，ヨーロッパ），自由民権運動，私擬憲法，大日本帝国憲法，オスマン帝国憲法

川島 祐一

1 序論・概要

本項の「立憲制」について学習指導要領は，「アジア諸国とその他の国や地域の動向を比較したり，相互に関連付けたりするなどして，政治変革の特徴，国民国家の特徴や社会の変容などを考察し表現して，立憲体制と国民国家の形成を理解すること，帝国主義政策の特徴，列強間の関係の変容などを考察し表現して，列強の帝国主義政策とアジア諸国の変容を理解すること」（『高等学校学習指導要領（平成30年告示）解説　地理歴史編』〈以下『解説』と記述〉2018，147頁）をねらいとする。

19世紀末から20世紀初頭の世界は，帝国主義が本格化する時期である。東南アジア・アフリカ諸国は列強の植民地獲得競争に晒される。一方，アジアの各地では列強各国に対峙し，「国民国家の形成」が試行錯誤された。欧米各国に様々な国家モデルがある中で，「上からの近代化」が推し進められた。これに対し，立憲制や民族独立が掲げられ，新たな国家像を求めた動きの一つが，国会開設や立憲・地方自治を求めた自由民権運動だった。このように本項は，「5　日本の近代化」と「7　帝国主義」との関わりが深い。

2 論点・課題

学習指導要領では，「18世紀後半以降の欧米の市民革命や国民統合の動向，日本の明治維新や大日本帝国憲法の制定などを基に，立憲体制と国民国家の形

第Ⅰ部　近代化と私たち——歴史総合の分析⑴

成を理解すること」(『解説』147頁)を身に付ける「知識」として挙げている。

　東書『詳解』は、「立憲制の広まり」というまとまりを設けて「立憲制の定着と新しい立憲国家」「アジアにおける立憲制と大日本帝国」(70-71頁)とすることで、ドイツ・イタリア・フランス・トルコの立憲制と日本を比較検討しやすいページ組になっている。それにより、日本もやはり法治国家としての体制を内外に示す必要から、欧米モデルを取り入れた憲法を制定しようとする動きが生まれたことの把握がしやすい。

　立憲制と国民国家形成は切っても切れない関係にある。「日本が憲法を制定した背景には、どのような世界の動きが影響していたか？」を考えてみよう。19世紀には、ヨーロッパの多くの国で立憲制が定着し、国家の枠組みが定まっていく。プロイセンでは、君主権の強い憲法が制定され、イタリアではサルディニアを中心に統一がなされた。またフランスでは共和政が定着し、イギリスでは二大政党制により立憲制が定着した。

　アジアでは、オスマン帝国でミドハト・パシャのもとでオスマン帝国憲法(ミドハト憲法)が発布された。日本では、ヨーロッパ型の近代化を図る制度改革の一環として憲法制定が目指され、君主権の強いプロイセン型の憲法を採用することが政府の方針となった。

　また、「19世紀にどのような経緯で国民国家が成立したか？」が論点として挙げられる。フランス革命を経て、国民国家が成立したが、ナポレオンのクーデタにより共和政が終わり、帝政が始まった。さらにナポレオンが国民軍を率いて、ヨーロッパ各地で戦争を起こしたことで、各国で反フランス感情に火が付き、国民国家が形成されていった。

　さらに、「現在の日本のかたちはどのようにつくられたのだろうか」(実教『詳述』86頁)も考えたい。ここでは、琉球とアイヌの統合が問題となる。

　学習指導要領は、「国民国家の形成の背景や影響などに着目して、主題を設定し、アジア諸国とその他の国や地域の動向を比較したり、相互に関連付けたりするなどして、政治変革の特徴、国民国家の特徴や社会の変容などを多面的・多角的に考察し、表現すること」(『解説』147頁)で、「思考力、表現力、判断力」を養うとしている。

50

6　立憲制——なぜ憲法を求めたか

　1870〜80年代の日本では，欧米の思想を学んだ知識人や地方の人々も参加し，民主化を求める自由民権運動が起こり，民間の憲法案（私擬憲法）も多数発表された。ここでは，「自由民権運動が求めた立憲政治とは？」を論点として挙げたい。

　「国会期成同盟」の結成や，「国会開設の勅諭」発布後，がぜん高まった国会開設運動の中で，私擬憲法の起草が盛んになり，民権派の千葉卓三郎ら五日市学芸講談会による五日市憲法や，抵抗権を定めた植木枝盛による東洋大日本国国憲按がつくられた（実教『詳述』92頁「五日市憲法（一部要約）」「東洋大日本国国憲按（一部現代語訳）」）。また，民権派と異なる考えをもつ加藤弘之の『天賦新説』（実教『詳述』88頁「天賦人権思想」）もある。

　このように，日本の立憲制は，確かに「自由民権運動にも示される人権意識の流入や政治参加の拡大を背景に，日本の実情に合わせた立憲体制が国民国家の政治体制として形成されたこと，そしてこの立憲体制の成立が欧米諸国との不平等条約を改正する前提ともなった」（『解説』149頁）という歴史的な経緯はあるものの，その結果は，民権運動が抑えこまれたうえで出来上がったものだ。

　国民の人権は一定の範囲に限られ，天皇を政治・軍事の中心に据え，国権優先の国家体制が確立する。民権派も当初は多数をとり議会主義を掲げ政府と対立するが，日清・日露戦争と日本の膨張政策が進められる中で，その多くが政府との妥協路線に進んだことに要因がある。

3　現代との対話

　(1)「国境画定と国民形成」との関連では，帝国『明解』「『日本国民』とされるアイヌの人々」(74頁)を検討したい。明治時代に沖縄とともに北海道は，日本の領土に組み込まれた。北海道や千島列島などに先住するアイヌの人々は古来の風習や言語を禁止され，日本語教育を施され，保護の名目で「北海道旧土人保護法」により同化させられた。

　(2)「立憲制」との関連では，大衆化のもとになる普通選挙の思想を読みとり，民権運動以降の歴史や，現在との比較検討も視野に入れるべきだろう。しか

第Ⅰ部　近代化と私たち——歴史総合の分析(1)

し，地域の人々が多数参加した普通選挙運動の歴史を取り上げた教科書は残念
ながらみられない。歴史総合で大切なのは，多角的な視点をもつことである。
取捨選択した上での本文や資料との折り合いもあるだろうから，地域への視点
も加えた説明が求められる。たとえば，越前福井藩主松平春嶽に対して赤松小
三郎が出した日本初の普通選挙による議会制民主主義の提言や，「普選の父」
と呼ばれる中村太八郎の事例が挙げられる。ローカルな視点から多角的に教員
が，その教える地域で関心をもちやすい事例の説明を加えるとよいだろう。成
人年齢が引き下げられ，選挙権も与えられたため，「権利意識と政治参加や国
民の義務」を学ぶためにも望まれる。

　ただ，ローカルな視点を大切にし，高知県の民権家楠瀬喜多を紹介し女性参
政権について考えるきっかけを示しているものもある（帝国『明解』「日本で初め
て女性の参政権を実現した楠瀬喜多」74頁）。

4　資料分析

　(1)「私擬憲法と大日本帝国憲法・日本国憲法を並べ共通点や相違点（実教『詳
述』92-93頁）を検討することも，生きた学びにつながる。

　実教『詳述』は，五日市憲法「45　日本国民は，各自の権利自由を達すべし。
他より妨害すべからず」を紹介している（92頁）。それに並べて，植木枝盛の東
洋大日本国国憲按「第70条　政府が憲法に違背する（そむく）ときには日本人民
はこれに従わないことができる」を紹介している。並べて掲載することで，両
者が酷似していることが理解される。

　山川『現代』には，伊藤博文の枢密院会議議事録から「本条（憲法第4条）はこ
の憲法の骨子なり」「憲法政治といえば即ち君主権制限の意義なること明なり」
との言葉が紹介されている（52頁）。その憲法第4条をみよう。「天皇は国の元
首にして統治権を総攬し此の憲法の条規に依り之を行ふ」とある。「憲法の条
規に依り」となっている。東書『詳解』のみ第5条「天皇ハ帝国議会ノ協賛ヲ以
テ立法権ヲ行フ」（70頁）を載せている。「帝国議会ノ協賛ヲ以テ」と，議会の役
割を紹介している重要な条項だろう。

6 立憲制──なぜ憲法を求めたか

実教『詳述』に、「王室をもつイギリスの議会制度を念頭においた草案が多く、天皇の存在が前提とされるなど、天皇のもとに国民が統合されるという国家像は、民権派にもひろまっていた。／政府側では、憲法調査のために渡欧した伊藤博文が、グナイストやシュタインから憲法を学んだ。この憲法は、議会に優越する強い君主権に特徴があり、（中略）ロエスレルの助言をあおいで起草した憲法案にも反映されることとなった」（92頁）との紹介があり、憲法の成立の流れを抑える上で欠かせない指摘である。

(2)東書『詳解』は、ミドハト憲法の第7条「スルタンの神聖なる大権に属する」、第10条「個人の自由はいかなる類の侵害からも保護される」、第53条「元老院および代議院［注：帝国議会の両議院］」（70頁）を載せている。ここから、日本やヨーロッパにはないスルタンの宗教権限の特殊性や、個人の自由権と信教の自由が保証されていることを読みとれる。

このオスマン帝国憲法は、スルタンによりすぐに停止される。再び日の目を見るのは、日本が日露戦争に勝利し、さらにトルコで革命が起きた1908年のことである。

5 結論・考察

本項では立憲制に関する教科書分析を試みた。立憲制とは、憲法に基づいて統治される政治体制のことである。イギリスでは、絶対王政が革命により覆されて立憲君主制になった。つまり、王の権力を制限するための立憲制であるといえる。

では、オスマン帝国では、何を制限することで立憲制を成立させたのか。スルタンの絶対的権力を制限するためであった。しかし、オスマン帝国憲法はスルタンにより、すぐに停止されてしまった。そのため、オスマン帝国の近代化は失敗したとされる。1908年にスルタンに立憲制復活を宣言させるに至る経緯を確認することで、「一概に失敗とは言えないのではないか？」との疑問も生じるだろう。

また「なぜ日本は立憲制を採用したか？」が論点として挙げられる。君主の

第Ⅰ部　近代化と私たち──歴史総合の分析(1)

権力を制限することで成り立つ制度を採用し，国民の発言力を高めることで何を目指したのか。それが，富国強兵や，文明開化の学制や徴兵制と結びついてくることが分かる。

　つまりは，明治維新に始まる日本の近代化は，市民のための革命ではなく，上からの改革であり，それが帝国主義の時代の戦争へとつながっていくのである。

📖ブックガイド

牧原憲夫『民権と憲法（シリーズ日本近現代史２）』岩波書店（岩波新書），2006年。
　＊西南戦争終結後，議会開設の要求が強まり，自由民権運動が全国各地で巻き起こった。大日本帝国憲法発布，帝国議会開催。国民国家と競争社会が確立した現代の原点ともいえる時代を描く。
松沢裕作『自由民権運動──〈デモクラシー〉の夢と挫折』岩波書店（岩波新書），2016年
　＊維新後，各地で生まれた民権結社。それは〈デモクラシー〉に夢を託した人々の砦だった。その理想はなぜ挫折に終わったか。旧来の秩序が解体してゆく中で，生き残る道を模索する明治の民衆たちの苦闘の足跡に重なって見えてくる日本社会を描く。
瀧井一博『増補　文明史のなかの明治憲法』筑摩書房（ちくま学芸文庫），2023年（初出2003年）。
　＊日本人は，西洋から何をいかに学んで明治立憲体制をつくったのだろうか。憲法制定のルーツを明治初めの岩倉使節団にまで遡り，不平等条約改正に向けた諸国調査を原点としていた明治国家形成の動きが，立憲君主制への道に転じていく過程を描く。
新井政美『憲法誕生──明治日本とオスマン帝国の二つの近代化』河出書房新社，2015年。
　＊近代化に成功した日本と，失敗したトルコ──それは本当か。オスマン帝国憲法（1876年）と大日本帝国憲法（1889年）。強大な君主権と国民の諸権利との折り合いをどのようにつけるのか──２つの憲法の比較を触媒に，「国のかたち，国のゆくえ」を問い直す。

7 帝国主義——植民地支配は「文明化」なのか

キーワード：第2次産業革命，世界分割，日清戦争，日露戦争

川 島 祐 一

1 序論・概要

　帝国主義とは，「19世紀末，資本主義的な経済成長をとげ，軍事的に強力な国家を形成していた欧米諸国や日本が，植民地獲得と拡大をめざしてたがいに競うようになり，アジア，アフリカなど世界の広大な部分を植民地化，従属化していった」動きをいう（東書『詳解』72頁）。「帝国主義」について，学習指導要領は，身に付けるべき知識として「列強の進出と植民地の形成，日清・日露戦争などを基に，列強の帝国主義政策とアジア諸国の変容を理解すること」を，身に付けるべき思考力，判断力，表現力として「帝国主義政策の背景，帝国主義政策がアジア・アフリカに与えた影響などに着目して，主題を設定し，アジア諸国とその他の国や地域の動向を比較したり，相互に関連付けたりするなどして，帝国主義政策の特徴，列強間の関係の変容などを多面的・多角的に考察し，表現すること」（『高等学校学習指導要領（平成30年告示）解説　地理歴史編』2018年，150頁）を求めている。

　本項ではキーコンセプト「帝国主義」について，「第2次産業革命」「世界分割」「日清戦争」「日露戦争」をキーワードとし，教科書分析を試みる。

2 論点・課題

　最初の論点で，主要な問いとして，「帝国主義はなぜ19世紀末に世界的な動きとして進められ始めたか？」が挙げられる。1870年代半ばから，欧米列強は帝国主義政策を推進し始めた。ここでまず，帝国主義の経済的背景が問われ

第Ⅰ部　近代化と私たち──歴史総合の分析(1)

る。各教科書は，第2次産業革命，重化学工業の発達，大企業(独占資本)の成長，資本輸出の活発化，原料供給地と商品市場としての植民地の追求から説明している。また，経済的背景以外に，「対外的に進出する」ことで「国内統合を強め」るという内政面での要因(東書『詳解』72頁)も押さえておきたい。

　次に問われるのが帝国主義の時代の開始とともに，世界分割が具体的にどのように展開したかということである。各教科書は，帝国主義列強による世界分割の諸相を述べているが，ここで注目したいのがアフリカの植民地化のルールを定めた1884〜85年のベルリン会議である。この会議は，最初に土地を「実効的に占有」した国がそこを領有できるとし，列強によるアフリカ分割を促した。アジアや太平洋の諸地域でも植民地化が積極的に行われ，世界分割は一気に加速した。

　第2の論点で主要な問いは，帝国主義列強が植民地支配を正当化する根拠とした「『遅れた』人々を文明化する」(山川『近代』85頁)ことが実際にどのようなものだったのかということである。また，これを補足する問いとして，植民地の「文明化」・「近代化」は支配された人々の生活をどう変えたのか，またそれが彼らにどのように受け止められたかが挙げられる。

　日本は，福沢諭吉の「脱亜論」(1885年)に見られるように，列強と同様に「文明」の立場に立って，清や朝鮮に対する武力行使を容認して，日清戦争頃から帝国主義の段階に踏み込んでいくようになった。ここで，なぜ日本は帝国主義を選択したのかが問われる。1876年の日朝修好条規締結以来，日本は「朝鮮を『自主の邦』」と定め，「近代化を求めて関与を強めた」(山川『現代』63頁)が，冊封関係を維持しようとする清と朝鮮の支配層も巻き込んで対立するようになった(1882年の壬午軍乱，1884年の甲申政変)。1894年，日本による侵略の阻止を掲げて農民たちが蜂起した(甲午農民戦争)が，日清戦争に勝利した日本軍の武力により踏みにじられた。この事件は，日本の求める「近代化」(帝国主義列強が唱える「文明化」)を朝鮮の民衆がどのように受け止めたか，また，上記の問いを考える探究課題になる。

　日露戦争については，「その後の国際関係やアジア諸地域の民族運動，日本の進路にとってどのような意味をもった」のかということが問われる(実教『詳

7 帝国主義——植民地支配は「文明化」なのか

述』107頁）。この戦争は，日本によるアジア解放の戦いと受け取られた時期も
あった。アジアの人々は，日本と連携して近代化すれば，「西洋列強に対抗で
きる」と期待したのである（山川『現代』68頁）。アジアの人々の日本への期待が
裏切られたことは，日露戦争後，日本が帝国主義列強のメンバーに加わり，ア
ジアから乖離した事実から明らかになった。アジア諸民族の政治亡命者や在日
留学生も，日本政府の民族独立運動に対する厳しい取締りや追放措置から，日
本にかけた期待が幻想にすぎなかったことを悟った（各教科書はこの例として，
ベトナムのドンズー〔東遊〕運動とその挫折を紹介している）。

　日本は日清戦争に勝利して台湾を植民地とした。ついで，日露戦争を経て
1910年には韓国を併合して，土地調査事業を行って「近代的な土地制度」を導
入（山川『現代』101頁）した結果，「多くの朝鮮人小作が諸権利と土地」を失った
（帝国『明解』79頁）。朝鮮進出の大義名分であった「朝鮮を『自主の邦』」にして，
「近代化」することの現実は，朝鮮の主権喪失と日本による苛酷な植民地支配
であった。日本が東アジアで行ったことは，日本の先達である帝国主義列強も
行っていたことである。「『遅れて』『野蛮な』地域の人々に文明をもたらすた
め」（帝国『明解』54頁）に行われた植民地支配は，自国のみの利益を図る帝国主
義政策にほかならなかったのである。

3　現代との対話

　帝国主義時代の独自性は，現代の世界で展開しているグローバリゼーション
と結びつく。第2次産業革命で情報伝達，人の動き，物の流れが大きく変わっ
た。20世紀初めには電信が世界中を結んだこと，蒸気船により大量輸送が可能
になったことや鉄道網が著しく拡大したことによって情報や物の移動は容易に
なり，資本の流れもホブソンやレーニンが強調したように帝国主義の時代に加
速した。

　「帝国」という用語が再活性化したのは，2001年のいわゆる「アメリカ同時多
発テロ事件」であり，アメリカが「テロとの闘い」を掲げたことで「文明」対「野
蛮」の構図が改めて使われた。これを境に「帝国」や「帝国主義」という言葉は，

第Ⅰ部　近代化と私たち——歴史総合の分析(1)

アメリカがアフガニスタンやイラクなどを対象としてきわめて強引な対外政策
を展開する状況の下で頻繁に使われるようになった（木畑洋一『二〇世紀世紀の歴
史』岩波新書，2014年，263-265頁）。「帝国は終わったのか，それとも姿を変えて
支配を続けているのか？」という問いについても考えたい。

4　資料分析

　最初の論点「帝国主義はなぜ19世紀末に世界的な動きとして進められ始めた
か？」に関しては，帝国主義の経済的背景を示す資料として，統計資料・独占
資本の風刺画（実教『詳述』98頁）・クルップの大砲工場の絵（山川『近代』85頁）が，
世界分割の具体的なイメージをもたせるものとして，各教科書とも世界分割の
地図とアフリカ縦断政策を唱えるケープ植民地首相セシル・ローズ，中国分割
の風刺画を挙げている。また，アメリカのラテンアメリカ・太平洋進出の風刺
画を挙げる教科書もある（東書『詳解』78頁，山川『近代』87頁，山川『現代』61頁）。
　第2の論点「帝国主義列強が大義名分として掲げた「文明化」が実際にどの
ようなものだったのか」に関しては，植民地支配を正当化する「文明化」の使
命について，各教科書はこれを促す証言や宣伝資料を掲載している。日本につ
いては，上述の福沢諭吉の「脱亜論」に見られるように，列強による植民地の
「文明化」に与することになった。「文明化」・「近代化」によって植民地が本国
に都合のよい産業構造につくりかえられたことを，山川『現代』は，オランダ
の強制栽培制度の資料を示して説明している（61頁）。
　日本が帝国主義列強同様の植民地支配をすることになった過程について，東
書『詳解』は，台湾統治についての当時の外務次官原敬とイギリス人の日本政
府顧問カークウッドの意見を挙げた上で，結局日本政府がイギリス流の植民地
支配を採用したことを説明している（80頁）。なぜ，植民地支配を選択したのか
については，生徒の討論課題になると考える。
　日露戦争後，アジア諸地域の民族運動が日本に対して抱いた期待と失望を，
教科書は，インドのネルーの『父が子に語る世界歴史』（大山聰訳，帝国『明解』
79頁）の他，ドンズー（東遊）運動をおこしたベトナムのファン・ボイ・チャウ

58

7 帝国主義——植民地支配は「文明化」なのか

の小村寿太郎外相あての書簡（東書『詳解』91頁）を挙げて示している。

　帝国主義に対する批判については，同時代人による帝国主義論が挙げられる（東書『詳解』74頁に初期の帝国主義論の紹介がある）。イギリスでは，経済学者のホブソンが『帝国主義論』(1902年) を著し，帝国主義の基礎に，商品輸出に代わって資本輸出をさかんに行う資本主義経済の変質があることを明らかにした。これより 1 年早く，日本では幸徳秋水が『二十世紀の怪物　帝国主義』を著して，愛国主義と軍国主義に原因があるとし，帝国主義への反対を唱えた。ロシアのレーニンによる『帝国主義論』(1917年) はよく知られるが，これは幸徳秋水の書が著されてから15年も後のことである。帝国主義をまだ未熟な段階で捉えて，最初に警告を行った幸徳の書の先見性は必ず触れておきたい。幸徳秋水については，日露戦争批判（帝国『明解』78頁）や日露戦争に反対するためにロシアの社会主義者に協力を呼びかける資料（東書『詳解』82頁）も教科書に挙がっている。

5　結論・考察

　帝国主義について，最近まで，世界史の概説書や教科書では，ホブソンやレーニンの理論に依拠して，「もっぱら資本輸出や独占資本主義といった経済事象だけで特徴づける」古い見方がみられた。しかし，ホブソンとレーニン以後，今日に至るまで，帝国主義の実証的研究が深まるにつれてその解釈・理論も非常に複雑かつ多様になっている（木谷 1997: 9-10頁）。このことを反映して，歴史総合の教科書では，帝国主義の経済的背景に触れつつも，帝国主義を「植民地獲得を正当化する思想・政策」（山川『現代』59頁）とし，人・物・情報・資金の移動の活性化による世界の一体化，人種差別や列強間の対立による亀裂と分裂と関連させて説明している。また，列強の国内事情から帝国主義の動機を説明する教科書もある。本項で取り上げた最初の論点は，このような帝国主義の多様な側面と関わる。

　本項の第 2 の論点である，帝国主義列強が大義名分として掲げた植民地の「文明化」の実態は，本項で述べたように，近代の「世界システム」を形成して

第Ⅰ部　近代化と私たち——歴史総合の分析⑴

いく中で植民地や従属地域を本国に都合のよい産業構造につくりかえていくことであり，そこで生じた課題はポストコロニアルの現代まで続いている。近年のアメリカの中東政策の限界 (1979年のイラン＝イスラーム革命，パレスチナにおけるハマスの台頭，2021年のターリバーン政権の復権など) は，欧米諸国が唱える「近代化」・「民主化」に対して，かつて帝国主義列強から「文明化」の名の下で植民地にされたり，従属させられたりした地域の人々が抱いた不信感の表れであると考えられるのだが，これもまた生徒の討論課題になるだろう。

📖ブックガイド

木谷勤『帝国主義と世界の一体化 (世界史リブレット40)』山川出版社，1997年。
　　＊資本輸出，独占資本主義の展開として認識される帝国主義を，人や物の移動による世界の一体化，それに伴うナショナリズムや人種差別によって広がった民族間の対立といった面から光を当てて描く。
エリック・J・ホブズボーム (野口建彦・長尾史郎・野口照子訳)『帝国の時代—1875-1914 [新装版] (全2巻)』みすず書房，初版1巻1993年，2巻1998年，新装版2023年。
　　＊地球の表面積の4分の1がほんの一握りの国々の間で植民地として分配ないし再分配された帝国主義時代の様相を，広い視野から俯瞰し，重層的に描く。この時代を流解するためのスタンダードな著書。
原田敬一『日清・日露戦争 (シリーズ日本近現代史3)』岩波書店 (岩波新書)，2007年。
　　＊立憲国家となった日本は，日清・日露戦争と大きな戦争を繰り返し，台湾と朝鮮という2つの植民地を獲得した。国内では，国民統合の動きもみられる。世紀転換期の20年を描く。
小松裕『「いのち」と帝国日本——明治時代中期から一九二〇年代 (全集日本の歴史14)』小学館，2009年。
　　＊日清・日露と大正デモクラシー。帝国日本の発展の影で犠牲にされた人々の「生」に寄り添い，兵士が見た戦争像や米騒動の実態，アジアとの関係から，新たな近代史を掘り起こす。

8 植民地と反植民地主義——宗主国と植民地による相互作用

キーワード：列強諸国の世界進出，植民地帝国の形成と発展，宗主国への抵抗運動，植民地の独立運動

板倉孝信

1 序論・概要

　本項では「植民地と反植民地主義」をキーコンセプトとして，「列強諸国の世界進出」「植民地帝国の形成と発展」「宗主国への抵抗運動」「植民地の独立運動」をキーワードとして，近代に世界各地で成立した植民地帝国と宗主国に対する植民地の抵抗を中心に教科書分析を行う。そもそも植民地と反植民地主義は，どの教科書でも第Ⅰ部と第Ⅱ部にまたがる広範な領域に記述が分散しているが，植民地に関する「作用と反作用」に相当する内容は，同項目で扱った方が問題をクリアにできると考えたため，本項で共に言及することとした。

　本項目の対象領域は，第Ⅰ部の「2　市民革命と産業革命」や「7　帝国主義」，第Ⅱ部の「10　第一次世界大戦」や「16　第二次世界大戦」などと重複部分があるため，他項目での言及部分には深く立ち入らず，必要な情報を整理して記述していく。たしかに植民地と反植民地主義は，世界の近代化や一体化，世界各地での国民国家の成立と発展を推進する原動力となった側面も否定できないが，今日に至るまで旧植民地に多くの深刻な弊害や矛盾を残すことになった点も，同時に踏まえる必要があろう。

2 論点・課題

　「植民地」を辞書で引くと「ある国からの移住者によって経済的に開発され，その国の新領土となって本国に従属する地域。武力によって獲得された領土に

第 I 部　近代化と私たち——歴史総合の分析(1)

ついてもいう」（大辞泉）とされている。経済開発・武力獲得など経緯は様々あれど，「本国に従属する地域」というのが植民地の基本定義であるが，この「従属」の実態も一様でない。比較的有名な学説としては，ジョン・ギャラハーとロナルド・ロビンソンの「自由貿易帝国主義」論があり，彼らは列強の経済的従属下にあるが，政治的支配の及ばない地域を「非公式帝国」と称した（ジョージ・ネーデル，ペリー・カーティス編〔川上肇ほか訳〕『帝国主義と植民地主義』御茶の水書房，1983年，第4章）。当該地域を植民地と呼ぶ場合，政治的支配を伴う「公式帝国」を指すのが一般的であるが，支配・従属関係を整理する上で重要な上記の概念に触れている教科書は，主要教科書5冊のうち1冊のみであった（東書『詳解』172頁）。

　また「植民地化→反植民地主義→脱植民地化」というプロセスも，宗主国・植民地ごとに実に多様であったが，こうした相違点について特集で丁寧に書き分けているのも，主要教科書では東書『詳解』のみであった。東書『詳解』には「地域の歴史」という特集が6つあり，「中南米の多様性」（63頁），「アフリカの分割と自立」（75頁），「バルカン問題と第一次世界大戦」（107頁），「太平洋・オセアニアの歴史」（117頁），「東南アジアの独立運動」（151頁），「パレスティナ問題」（177頁）をそれぞれ1頁で扱っている。また東書『詳解』は植民地や反植民地主義に関する史料も充実しており，日本の台湾統治に関する内地法適用派と植民地法適用派の意見相違（80頁）や，反植民地主義の例として台湾議会設置請願や石橋湛山の論説（98頁）を挙げており，非常に複雑な植民地支配や反植民地主義の実態を解きほぐそうとしている。

　たしかに「植民地化→反植民地主義→脱植民地化」のプロセスは，地域によって多種多様であったが，それらが集中的に発生する時期があった。植民地化に関しては帝国主義期，脱植民地化に関しては第二次大戦後であるが，これらは他項目に譲るとして，本項目では反植民地主義運動が活発に展開された第一次大戦後に言及したい。「なぜこの時期にアジア諸国で反植民地主義が広がったのだろうか」という問いが東書『詳解』に記載されているが，同様の問いは他の主要教科書でもすべて見られる（東書『詳解』119頁，山川『現代』100頁，帝国『明解』108頁，実教『詳述』141頁，山川『近代』120頁）。米大統領ウィルソンによる十

四ヵ条の平和原則で謳われた民族自決と，大戦中の宗主国への戦争協力を背景
として，アジア諸国では民族運動が高揚したが，宗主国は植民地の独立や自治
を容認しなかったため，反植民地主義が激化した。こうした反植民地主義の分
水嶺における各国の民族運動を比較する視座も重要であろう。

3　現代との対話

　現代世界においては，海外領土や自治領という形態で一部の旧植民地が旧宗
主国から独立していない地域はあるものの，公式帝国の一部としての明確な
「植民地」は既に存在しないことになっている。しかし近代の非公式帝国と同
様に，大国が資本投資や貿易構造を通じて中小国を経済的な従属状況に置こう
とする事例も散見され，これを「現代帝国主義」と称することもある。こうし
た近年の状況は対象教科書に明記されていないが，アヘン戦争当時の英国外相
(パーマストン) の「本国産業界のために海外で市場を確保するのは政府の使命
である」(山川『現代』35頁) という言葉を紹介しており，こうした自由貿易帝国
主義的な発想は現代にも根強く残存している。明確に戦争を通じて他国を植民
地化しようとすれば，国際社会から強い非難と制裁を受けるため，現代では極
力避けられる傾向にあるが，非公式帝国的な大国の経済支配は，むしろ旧植民
地以外の地域にまで及びつつある。

　もちろん植民地支配は絶対悪であり，旧植民地が旧宗主国から長期にわたり
抑圧を受けたことで負った深刻な被害は，その独立後も現代に至るまで様々な
弊害を生み出しているが，歴史のすべてが負の遺産というわけではない。たと
えばコモンウェルス (英連邦) のように，旧宗主国 (イギリス) と旧植民地が共通
の言語 (英語) と価値観 (自由) を通じて緩やかな紐帯を結び，各加盟国 (56ヵ国)
が平等な立場で参加する連合体を形成した例も見られる。実際に旧植民地では
旧宗主国の言語が根付いており，それが現地の言語を排除して成立したという
負の側面もあるが，同時に国際的な意思疎通を容易にした点も否定しきれな
い。現代では公用語 (旧宗主国由来) と現地語を併用する例も見られるなど，旧
植民地時代の遺産を何もかも捨て去るより，有用なものは残して活用する方が

第Ⅰ部　近代化と私たち——歴史総合の分析(1)

建設的と考えられているが，それは隠れた「文化的支配」につながる危険性も内包しており，是非の判断が難しい。

　実教『詳述』の植民地特集では，「現代において植民地問題は解決されたのだろうか。それとも形を変えて存在しているのだろうか」(実教『詳述』137頁) という問いが提示されているが，これは明確な答えの出せないものであり，我々は絶えず考え続ける必要があるだろう。特に明示的でない支配・抑圧構造に絡め取られないためにも，非公式帝国を含めた疑似植民地状態に置かれた地域も，「広義の植民地」として認識する必要があるかもしれない。

4　資料分析

　本項の対象時期は，市民革命期から第二次大戦期までの広範囲に及ぶため，資料としては(1)図表，(2)文書，(3)絵画，(4)写真の４種類が存在する。「市民革命と産業革命」でも前述したように，資料の目的としては，(A)「ビジュアルを用いて理解を深めるため」，(B)「具体例からイメージを鮮明にするため」，(C)「比較・検証を通じて思考を促すため」の３つが考えられるが，本項では(B)の比重が重い。本項目の性質から地図や画像が比較的多い傾向にあるが，むしろ印象的だったのは風刺画・グラフ・史料であったため，以下ではそれらを中心に取り扱う。

　主要教科書５冊において，管見の限り図表は２点のみであったが，いずれも植民地拡大に関するデータとして重要な意味を有する。いずれも特集での言及であるが，一方は16世紀～20世紀前半の植民地数推移 (山川『現代』78頁) で，川北稔『知の教科書　ウォーラーステイン』(講談社，2001年) からの引用，他方は1876年と1914年の列強植民地領有規模の変化 (実教『詳述』136頁) で，レーニン『帝国主義論』(角田安正訳，光文社，2006年) からの引用である。両者とも帝国主義期における植民地規模 (数量・人口・面積) の増大を明示しているが，前者からは17～18世紀の近世植民地数の急速な増加も読み取れる。どちらもデータ自体の厳密な正確さにやや疑問が残るが，図表によって視覚的に植民地の拡大時期を認識できる点で有用であり，学習効果が期待される。

また風刺画に関しては，主要教科書5冊においてのべ8点の掲載が見られたが，それらのうち6点は2種類の風刺画に集中している。一方はイギリス・ケープ植民地首相のセシル・ローズによるアフリカ縦断政策に関するもの（帝国『明解』53頁，東書『詳解』72頁，実教『詳述』99頁），他方は日清戦争後の列強諸国による中国分割に関するもの（帝国『明解』77頁，山川『近代』91頁，実教『詳述』106頁）である。両者ともに1890年代の帝国主義期のアジア・アフリカ分割を風刺したもので，擬人化された列強がエジプト・南アフリカや中国での勢力拡大を図る様子が描かれており，生徒のイメージを喚起しやすい。

さらに史料に関しては，時代や地域による植民地の支配・解放形態の相違に触れたものとして，東書『詳解』（80頁）と山川『近代』（102頁）に注目する。一方は日本の台湾統治に関する原敬とウィリアム・カークウッドの対照的な意見（東書『詳解』80頁），他方は第一次大戦後の委任統治から第二次大戦後の信託統治への変化（山川『近代』102頁）を紹介している。前者では台湾統治に関する内地延長主義（本国と同じ内地法を適用）と特別統治主義（本国と異なる植民地法を適用）の相違，後者では委任統治（「受任国領土の構成部分としてその国法の下に施政を行う」）と信託統治（「全ての権力をこれら地域人民に委譲する迅速な措置を講じなければならない」）の相違を比較している。これらは「植民地」や「反植民地主義」の言葉が，必ずしも一様な意味を持たないことを示す上で含蓄に富む。

5　結論・考察

本項で見てきたように，「植民地化→反植民地主義→脱植民地化」のプロセスは，地域ごとにその開始・終了時期も進行速度もまったく異なっており，それが植民地に関する生徒の一体的理解をより困難にしている。イギリスの北米植民地の一部は18世紀末に合衆国として脱植民地化を達成したが，サブサハラのアフリカ諸国が列強に植民地化されたのは19世紀末であり，時期や地域を整理しないと大きな混乱が生じる懸念もある。また19世紀初頭に独立を達成した南米諸国の経済発展が停滞したのに対して，第二次大戦後にようやく独立を達成した東南アジア諸国の経済発展は比較的順調であり，独立時期と経済発展は

第Ⅰ部　近代化と私たち——歴史総合の分析(1)

必ずしも一致しない。このように植民地と反植民地主義に関する内容は，どうしても時代・地域別にバラバラに捉えられやすい性質を有しており，これらを意識的にリンクしていくように促す必要性は，他項目より強いと考えられる。

📖ブックガイド

ユルゲン・オースタハメル（石井良訳）『植民地主義とは何か』論創社，2005年。
　＊「植民地主義」という概念を学術的に捉え直し，「植民地化」や「植民地帝国」などの概念と関連付けることで，近代を再検討した。

マルク・フェロー（片桐祐訳）『植民地化の歴史——征服から独立まで／一三～二〇世紀』新評論，2017年。
　＊帝国主義期に進んだ植民地化の源流を近世以前に求めるとともに，植民地化された側の視点から現代に根深く残る植民地の足跡を辿った。

小倉英敬『マーカス・ガーヴェイの反「植民地主義」思想——パンアフリカニズムとラスタファリズムへの影響』揺籃社，2017年。
　＊20世紀初頭のアメリカで反植民地主義的思想を黒人解放運動に発展させたガーヴェイに焦点を当て，パンアフリカニズムの起源を探った。

山中永之佑『帝国日本の統治法——内地と植民地朝鮮・台湾の地方制度を焦点とする』大阪大学出版会，2021年。
　＊戦前日本の内地法と植民地法を帝国法として一体的に捉え，朝鮮と台湾の地方制度を分析対象として植民地統治の基本構造を描いた。

大嶋えり子『旧植民地を記憶する——フランス政府による〈アルジェリアの記憶〉の承認をめぐる政治』吉田書店，2022年。
　＊アルジェリアを植民地支配していた旧宗主国フランスが，旧植民地の記憶を承認していく過程を追跡した。現代に残された植民地支配の影響を考える上で示唆に富む。

第Ⅱ部

国際秩序の変化や大衆化と私たち──歴史総合の分析(2)

写真：Wikimedia Commons（瀧津伸コラージュ）。

9　大衆化——大衆を巻き込んだ政治・経済のあり方

キーワード：大衆社会，アメリカ合衆国の台頭，大衆文化，大量消費社会，民主主義の拡大（大衆の政治参加，女性参政権）

石　塚　正　英

1　序論・概要

　19世紀末から，アメリカ合衆国では科学技術の発展と石油などエネルギー資源の開発が進み，新たな産業社会が形成されていった。またヨーロッパからの移民もいっそう増加した。こうして20世紀初頭までには，自動車産業を筆頭に大量生産様式が登場した。

　それに歩調を合わせて，アメリカ社会に特有のプラグマティックな生活様式，行動様式，思考様式が確立し，野球や映画など大衆娯楽文化が一斉に花開いた。その動向は大衆を巻き込んだ政治のあり方を生み出していった。女性の参政権獲得はその象徴である（山川『現代』105頁）。本項では，自動車・ラジオなどの大量生産による，大衆社会の形成を主要対象とする。

2　論点・課題

　本項のサブタイトルにあるように，大衆を巻き込んだ政治・経済のあり方，これこそがここでの論点・課題に絡むものである。その点に留意しつつ，「大衆化」に関する以下の経緯を確認しておきたい。

　近代化を先行したヨーロッパ諸国において18世紀末から順次，出版産業が急激な拡大を遂げる。経済成長，教育の普及，余暇増大，所得増加，知識普及などを背景に起こったこの現象を"出版の離陸"という。その動向はまず1780年頃ドイツから始まり，イギリスで1825年頃，アメリカで1850年頃にそれぞれ始

69

第Ⅱ部　国際秩序の変化や大衆化と私たち——歴史総合の分析(2)

まっている。日本では1870年から20年間で離陸を達成した。出版物の代表は新聞雑誌である。特に全国新聞の発行は大衆社会の形成に多大な影響を及ぼし、また標準語で書かれた新聞や尋常小学校の教科書が大きく介在した(東書『詳解』122頁、実教『詳述』142-143頁)。

　19世紀末には映画が大衆文化に参入してきた。当初の映画は、技術的限界もあって幻影・幻燈扱いされ、下層労働層の楽しむものだった。それが、1920年代に入り大衆化現象が一気に進むと、娯楽のトップに躍り出た。1930年代になってウォルト・ディズニーが映画界に登場し、ハリウッドでアニメ映画『白雪姫(Snow White)』(1937年)を公開した。第一次世界大戦が勃発すると、ドキュメント映画は記録・娯楽に最適の媒体として発達した(東書『詳解』103頁、実教『詳述』143頁)。

　そのアメリカでは、19世紀末から1920年代にかけて以下の事態が進行した。(1)軽工業中心から重工業中心への産業転換。(2)資本の集中(特にトラスト)による独占の進行。(3)自動車・ラジオなどの大量生産による、大衆社会の形成。そして第一次世界大戦後はさらに以下の事態が進行した。(4)独占化の進行と、大量生産技術の発達による国内市場の狭隘化→市場拡大を目指しての植民地形成＝パン・アメリカ的拡大。(5)1929年10月24日(暗黒の木曜日)→修正資本主義(ニューディール)→国内市場(有効需要)拡大。こうしてアメリカ産業界では、20世紀初めにフォード・システム(工場生産)、テイラー・システム(労務管理)下における大量生産・大量消費が実現した(東書『詳解』112頁、山川『近代』122頁)。

　日本では1923年に関東大震災が発生して以後、ラジオ放送の必要性が唱えられ、東京放送局が設立された(山川『近代』125頁)。本放送は1925年7月12日に開始された(東書『詳解』122頁)。またテレビの開発も進められ、工学者高柳健次郎は1926年12月にブラウン管に「イ」の文字を映し出すことに成功した。これが、日本におけるテレビ技術史の第一歩である。そのほか、1920年代からは娯楽雑誌など大衆的読み物が多数発行されることとなった(山川『現代』111頁)。1924年創刊の『キング』(大日本雄辯會講談社、現講談社)はその草分けである。書籍の廉価化も進み、1927年に岩波文庫が創刊されて現在に至っている。これは1867年にドイツで創刊されたレクラム文庫に範をとったものである。

9　大衆化——大衆を巻き込んだ政治・経済のあり方

　ところで，欧米諸国を中心に科学技術と産業の発展が勢いづくと，その成果を内外に周知し一層の発展を啓発する行動が強まった。その典型は万国博覧会の開催である（帝国『明解』55頁）。フランスで1798年，総裁政府時代に行われた産業博覧会がその開始を告げるものであり，以後ヨーロッパ諸国へと同様の催しが波及していった。そしてついに1851年，ロンドンで第1回万国博覧会が開催されることとなった。日本からは1867年パリ万博に初めて参加し，1873年ウィーン万博に日本政府が公式に参加している。万博は技術の大衆化に貢献し，大衆化を支えるテクノロジーや大量生産方式の重要な背景となった。

3　現代との対話

　20世紀，特にその後半，情報通信・交通運輸部門におけるハイテク・イノベーションの恩恵を受けて，諸国民ないし諸民族は情報の大衆化を達成してきた。通例「全世界の一体化」などと翻訳されるグローバリゼーションは，こうした情報革命に支えられている。世界で絶え間なく変動しつつ同時進行する政治的・経済的諸情勢を人々が的確に把握し，自身の行動に対する実際的にして合理的な目標ないし指針を確定しうるという点で，情報の大衆化は大きな利点を有する。

　しかし大衆社会化現象は，反面，社会の外縁である環境を破壊するといったマイナスの効果をも推し進め，地域や風土に固有だった文物制度や社会習慣，自然環境を世界各地で解体してきた。したがって現代社会は，グローバリゼーションとセットになった大衆化を軌道修正し，ローカルな価値と連携するべきなのである。それは，具体的にはどのように展望できるだろうか。

　まずは，「大量生産・大量消費社会は現在，どのような課題をもたらしているだろうか」（東書『詳解』113頁）との問いに対する回答の一例として，エネルギー資源の大衆化，あるいはエネルギーの国家管理から企業や個人の参入というコースが挙げられる。ここで言う大衆化とは，エネルギーの地方分散・地域密着のエネルギー（ローカル・エネルギー）を指す。ここで，エネルギーを生産する技術を自力＝ローテクと他力＝ハイテクの2つに区分してみる。停電して

第Ⅱ部　国際秩序の変化や大衆化と私たち──歴史総合の分析⑵

も関係なく動く技術（人力車・人力発電など）は自力技術である。それに対して，停電したら動かない技術（電気・電子製品一般）は他力技術である。あるいはまた，身体の（自然な）動きを維持し補強する技術ならローテクであり，反対に身体の（自然な）動きとは相対的に別個の動きを作り出す技術ならハイテクである。ただし，要点はローかハイか，でなくハイブリッドが重要である。発電はローだが蓄電はハイであるとか，その組み合わせやハイブリッドがエネルギーの大衆化を実現していく。

　けれども，エネルギーにはロー・ハイ2種に加え，もう一つある。地域に根ざすという意味でのローカル・エネルギーである。地域にとって相応しいエネルギーであれば，ローもハイも併用しユニット（結合）し，アマルガム（融合）にする。それが，資源問題と環境問題の壁にはばまれている21世紀人の選択するべきエネルギー資源の大衆化というものである（東書『詳解』112-113頁，実教『詳述』142-143頁，山川『近代』122-127頁，山川『現代』108-111頁）。

4　資料分析

　教科書には，資料の活用に関して今日的な意義や意味のほか，かなり詳細な知識を問うものがある。たとえば，「資料1・2から，人類館はどのような意識のもとに設置されたのだろうか」（実教『詳述』115頁）がそれである。当該の資料は1903年開催の第5回内国勧業博覧会（大阪）会場近くに設置された「学術人類館」で展示された写真である。教科書には次の説明が掲載されている。「人間（アイヌ，台湾の先住民，朝鮮人，ジャワ人，トルコ人，アフリカ人，そして「琉球人」の女性2名）が展示された事件（人類館事件）に関するものである」。

　この資料提示による学習目的は何か。⑴人種差別を考える，⑵1903年という時代を考える，⑶人類館事件を考える，⑷実際の人間を展示することについて考える，などいくつか想定できる。同頁には次の問いかけも記されている。「この時代の日本にとって，博覧会とは何だったのだろうか。「文明」と「野蛮」という言葉を使って説明してみよう」。この問いを含めると，学習目的は上記の⑴と⑵であるように推測される。だが，人によって「文明」「野蛮」理

解に相違や温度差のある点を忘れてはならない。先史社会や非欧米社会を「未開社会」と記している文献は少なくない。大衆社会の時代は異民族が居住地を越えて大移動する時代でもある。その結果として，異文化理解が各地で進んでいくとともに，近隣居住区での人種差別事件，いわゆるヘイトクライムも増大していくことになる。

5 結論・考察

　社会の大衆化を指して，それは文物制度の低レベル化だと批判することは可能だろうか。経済格差を根拠にして市民・国民を上中下に区分する慣例は存在する。なるほど，統計的にはそれも必要であるかもしれない。また，人はたえず上昇志向をもち，競争に打ち勝つ精神を養うべきだ，とも言われる。それも，時と場合によってはあり得るだろう。しかし，フランス革命以後，ブルボン朝の秘宝が民衆の手に渡って国民の公共財産に転じるような意味での大衆化は肯定されるだろう。社会の大衆化は文化の大衆化を，それらを創出する人（作者や表現者）の大衆化を推し進める。

　さて，21世紀に持ち越された大問題に，環境破壊がある。社会の大衆化は全世界に及び，それに合わせて生産と消費の大衆化も拡大する。20世紀のアメリカ社会は，石油消費の一方的拡大の過程で以下の3系列に即して浮き沈みした。1970年代に生じた(1)ドル・ショックによるドル安→アメリカ市場への売り込み激化→いっそうの技術革新→知識集約型産業の展開（エレクトロニクス・バイオテクノロジー・ニューマテリアル）。(2)地球大での環境破壊の進行（原子力発電・化石燃料の大量消費による地球温暖化）。(3)人口の爆発的増加と農業の不振。その先に突発した2001年9月のアメリカ同時多発テロ事件。社会の大衆化現象は，アメリカ社会の100年を振り返って，よくよく考え直さなければならないようである。

第Ⅱ部　国際秩序の変化や大衆化と私たち──歴史総合の分析(2)

📖ブックガイド

瀧井一博編著『「明治」という遺産──近代日本をめぐる比較文明史』ミネルヴァ書房，
　2020年。
　＊19世紀イギリスと明治日本のマスメディア比較を主眼として，大衆向け新聞，国
　　民国家と大衆メディア，台湾出兵と新聞報道，文明国意識などの諸問題を解説し
　　ている。
中野耕太郎『20世紀アメリカの夢──世紀転換期から一九七〇年代（シリーズアメリ
　カ合衆国史３）』岩波書店（岩波新書），2019年。
　＊大量生産・大量消費と大衆社会化を迎える20世紀のアメリカは，その夢の中で格
　　差や貧困といった新しい問題に直面していく。
好井裕明・関礼子編著『戦争社会学──理論・大衆社会・表象文化』明石書店，2016年。
　＊社会学の分野から戦争の20世紀を詳論している。戦争をめぐる社会学の可能性，
　　戦争と社会理論，大衆社会論の記述と総力戦，など。
オリヴィエ・ザンズ（有賀貞・西崎文子訳）『アメリカの世紀──それはいかにして創
　られたか』刀水書房，2005年。
　＊20世紀前半を通じて形成された大量消費的で多元主義的，大衆社会的なアメリカ
　　社会，それは良くも悪くもパックスアメリカーナの一時代を築いた。消費の民主
　　化と称してもよい。

10　第一次世界大戦──なぜ現代史の起点と言われるのか

キーワード：開戦原因論，総力戦，第一次世界大戦と日本，第一次世界大戦の影響

瀧津　　伸

1　序論・概要

　本項では，第一次世界大戦が「なぜ現代史の起点と言われるか」を主題に，「開戦原因論」「総力戦」を主要な論点として，教科書分析を行う。「論点・課題」では，そこで発せられる「中心的な問い」(以下MQと記す)，「MQを支える問い」(以下SQと記す) を挙げ，そこから生じる課題について考察する。「現代との対話」では，論点の中で，「開戦原因論」を特に現代の課題解決と深い関わりをもつと考え，このことを中心に考察する。「資料分析」では，問いの探究・解決を支援するためにどのような資料が教科書に取り上げられているかを分析し，そこにある課題を考察する。以上の考察から，主題を解明するのが本稿の目的である。

2　論点・課題

　第一次世界大戦に関する，最初の論点は開戦原因論である。これまでの世界史の教科書では，帝国主義諸列強の世界分割をめぐる対立から，ヨーロッパがドイツを中心とする「三国同盟」とイギリスを中心とする「三国協商」の陣営に二極分化し，両陣営の緊張が「ヨーロッパの火薬庫」と呼ばれたバルカン半島の危機において頂点に達して，1914年6月末のサライェヴォ事件を契機に大戦が勃発したことになっている (山川出版社『詳説世界史B改訂版』2016年検定済，2017年発行)。今回の調査で使用した歴史総合の教科書でも第一次世界大戦開戦のプロセスは，「三国同盟」と「三国協商」の2つの陣営の対峙からから始まっ

75

第Ⅱ部　国際秩序の変化や大衆化と私たち——歴史総合の分析(2)

ている。

　しかし，第一次世界大戦前のヨーロッパの国際秩序は，1815年に始まるウィーン体制以来の列強間の勢力均衡により保たれていた。ビスマルク外交やビスマルク後の二極分化もその延長線上で展開された。第一次世界大戦前に締結された同盟や協商も戦争を前提としたものではなく，勢力均衡を保つためのものであった。また，列強間の「対立と協力は固定的ではなく，情勢に応じて組みかえられた」(東書『詳解』78頁)。列強間の同盟・協商による勢力均衡によって保たれた国際秩序が機能しなくなった時，世界大戦が勃発した。

　バルカンでオーストリアとセルビアの間に戦争が勃発した時，なぜ，勢力均衡による国際秩序が機能しなくなって，世界大戦に拡大したのか。そこからMQ「バルカンの戦争はなぜヨーロッパの戦争になり，さらに世界にひろがったのか」が発せられる。実教『詳述』は，「『ヨーロッパの火薬庫』か『ヨーロッパの導火線』か」というコラムを設けてこの問題を考えている(127頁)。サライェヴォ事件後のオーストリアとセルビアの間に勃発した戦争は，バルカン半島の地域紛争(第三次バルカン戦争)にとどまる可能性もあったが，関係するヨーロッパ列強は，その利害関係から両者の紛争に介入せざるを得なくなり(東書『詳解』107頁，実教『詳述』127頁)，ついに後に引けなくなって，オーストリア側についたドイツを中心とする同盟国とセルビア側についたロシア・フランス・イギリスなどの協商国に分かれて戦争を行うことになった。

　そしてSQ「なぜ，列強は後に引けなくなってしまったのか」が発せられるが，そこにはヨーロッパ各国の政府がナショナリズムに影響された好戦的な世論の存在を無視できなくなったことが関係する。今回分析で使用した教科書には，第一次世界大戦勃発と世論の関係について記述したものはない。この課題については，探究活動の中で，史料で学習することが考えられる。

　ヨーロッパの戦争を契機にヨーロッパ外の利害関係も戦争で解決しようとする動きも表れ，アジアでは勢力拡大の好機とみた日本が日英同盟を口実に協商国で参戦した。中東では同盟国側のオスマン帝国を攻撃するため，イギリスがアラブ人の民族運動を利用して戦闘が開始された。アフリカでも植民地拡大を目指して各地で戦争が繰り広げられた(実教『詳述』129頁)。さらに，イギリス

とフランスに戦費を融資するなど，協商国と経済的な結びつきを深めていたアメリカ合衆国（東書『詳解』106頁）は，ドイツの無制限潜水艦作戦を理由に1917年4月に協商国側で参戦した。このようにしてバルカンで始まった戦争は，世界戦争になった。

第2の論点は「総力戦」であり，MQは「総力戦で何がどう変わったか」である。その際，「第一次世界大戦は，なぜ総力戦になったのか」，「総力戦はそれまでの戦争とどのような点で異なっていたか」という2つのSQが発せられる。当初，人々は戦争が短期間で終わると考え，兵士たちは「クリスマスにまた」と家族に告げて戦場に向かった。ところが，予想に反して戦争は長期化し，塹壕戦などの消耗戦になった。大量の大砲と機関銃が投入され，大量殺戮が行われた。戦前に準備した弾薬・軍需品，開戦時に動員した兵力は，同盟国・協商国ともに戦争開始後，短期間でほぼ底をつく状態になった。戦争は参戦した国々の国民や物資が全面的に動員される総力戦となった。資源や生産力，労働力など国の総力を挙げることが必要になったからだ。

政府が経済と国民生活を強力に統制する一方で，国民各層の幅広い協力を得るため，政府と対立関係にあった労働組合や社会主義政党も政策決定過程に参加するようになった。また，男性が徴兵されて不足した労働力を補うため，女性が工場などの職場に進出した。その結果，労働者や女性の地位向上や社会福祉政策の拡大も見られるようになった。戦争を支援する世論を形成するため，新聞などのマスメディアを活用したプロパガンダも盛んに行われるようになった（帝国『明解』98頁）。以上の変化から，福祉国家や大衆化への道が開けたと言うことができる。さらに，植民地から人や物資を動員して戦争に協力させたことは，代償として独立や自治を求める民族運動を高揚させることになった。

MQに対する意見として，「総力戦は，近代化を促した」という意見が出ることが考えられる。この課題に対して，総力戦体制における「近代化」は，あくまでも効率的に戦争を遂行するためのものであり，総力戦体制の下で，さらに大量の兵士と毒ガス・戦車・飛行機・潜水艦等の新兵器を含む大量殺戮兵器が投入され，膨大な戦死者を出すとともに，非戦闘員にも多大な犠牲をもたらした（帝国『明解』98頁）ことを確認する必要がある。

第Ⅱ部　国際秩序の変化や大衆化と私たち——歴史総合の分析(2)

3　現代との対話

　2022年2月に勃発したロシアによるウクライナ侵攻は，よく第一次世界大戦との対比で語られることが多い。侵攻前からバルカン半島が「ヨーロッパの火薬庫」と言われたのに倣って，ウクライナのことを「21世紀の火薬庫」と言う向きもあった。いわゆる西側諸国がロシアの独裁者プーチンに対して毅然とした態度をとるのは，宥和政策が結果としてヒトラーとナチ・ドイツを増長させ，第二次世界大戦の一因になったのを意識してのことだというのは明らかである。一方で，西側諸国によるウクライナへの軍事支援が慎重かつ緩慢に行われているのは，オーストリアとセルビアの紛争に利害関係をもつ列強が，結果を慎重に予測することなく，前のめりに介入していった結果，地域紛争が第一次世界大戦に拡大し，多大の犠牲を生み出したのを意識してのことだと考えられる（現代では世界大戦への拡大は，核戦争にエスカレートする可能性が高い）。ウクライナに限らず，意図せぬ戦争へと発展する懸念がある地域対立は世界各地にある。

　この現代の課題解決について，第一次世界大戦を題材に探究するにあたって，先に挙げたMQ「バルカンの戦争はなぜヨーロッパの戦争になり，さらに世界にひろがったのか」からのアナロジーが考えられるが，それに関連したSQ「第一次世界大戦前にはどのような戦争防止の試みがあっただろうか」（実教『詳述』235頁）も重要な「問い」になる。しかし，「なぜ，戦争の防止ができなかったのか」という「問い」はない。ジョレスやロマン・ロランのように，「戦争反対」の声を上げた人はいた。また，第2インターナショナルも戦争抑止に動こうとしていた。にもかかわらず，世論に押されて戦争へと進んでしまった事情は問われてもいいのではないだろうか。

4　資料分析

　「第一次世界大戦」に関連する教科書に掲載されている資料について，大戦

10 第一次世界大戦——なぜ現代史の起点と言われるのか

原因論との関係では，実教『詳述』(126頁)，帝国『明解』(96頁)は第一次世界大戦前の国際関係を示す地図，山川『近代』(90頁)，山川『現代』(85頁)は同盟協商関係の図を掲げ，二極対立の理解を促している。バルカン問題については，どの教科書も「バルカン問題」と書かれた吹きこぼれそうな大鍋を列強が押さえる姿を描いた有名な風刺画を掲載し，列強がこの問題に関わっていたことを示している。列強の参戦について，山川『現代』は史料「三国同盟条約」の抜粋の読み解きから，列強が同盟関係によって参戦せざるを得なかった事情を考えさせている(85頁)。

総力戦との関係では，各教科書とも塹壕戦，新兵器，女性の社会進出の写真を掲げ，この戦争が今までの戦争と異なることを，戦意高揚のためのポスターを掲げ，国民を戦争に動員するために各国でプロパガンダが展開されたことを示している。戦争を支援する世論の形成について，帝国『明解』(98頁)と山川『現代』(86頁)は，当時の新聞記事を読み解かせて，その意図を生徒に考えさせている。植民地にとっての世界大戦について，各教科書とも写真で植民地の人々が兵士として動員されたことを示しているが，実教『詳述』は，地図とコラムでアフリカでも戦争が展開されていたことを示している(129頁)。また，山川『現代』は，植民地の人々に戦争への協力を呼びかけるポスターを掲げるとともに，植民地において住民が逃亡しているという報告を挙げ(87頁)，この資料の読み解きから，戦争への協力に抵抗していた人がいたことに気付かせている。各教科書とも統計資料を挙げて，総力戦の結果，以前の戦争と比較して格段に犠牲者が増えていることを示している。

各教科書が豊富な資料で第一次世界大戦についての問いを考えさせようとしている姿勢は評価できる。開戦時の世論の状況や，戦時中に戦場や日常生活で兵士や民衆が何を思っていたかを考える材料として個人の日記や手紙等のエゴ・ドキュメントも用いてもいいのではないかと考える。

5 結論・考察

第一次世界大戦後，戦前の列強の勢力均衡によって保たれていた国際秩序は

第Ⅱ部　国際秩序の変化や大衆化と私たち——歴史総合の分析(2)

崩壊し，代わって国際平和機構（国際連盟）と戦争の違法化（パリ不戦条約）で平和を維持する新たな国際秩序の構築が試みられた。ただし，この新しい国際秩序は，これをリードするはずだったアメリカが国内の孤立主義勢力の抵抗によりその役割を果たせなかったために，十分に機能せず，表面的にはイギリス・フランスを中心とする古い秩序が続いているように見えた。しかし，戦争による荒廃で戦勝国と敗戦国と問わず，ヨーロッパの地位は低下した。代わって，参戦により協商国勝利の原動力となったアメリカおよび，大戦中の革命で社会主義政権が成立したソ連の台頭が明らかになった。総力戦が国民の総動員を必要とした結果，労働組合や社会主義政党の政権参加，福祉政策の拡大，女性の社会進出，大衆の政治や社会への影響力拡大が促された。また，戦争に協力した植民地では，パリ講和会議で掲げられた民族自決の原則を受け，独立を目指す民族運動が高揚した。以上のことから第一次世界大戦は「現代史の起点」であると言うことができる。

📖ブックガイド

木村靖二『第一次世界大戦』筑摩書房（ちくま新書），2014年。
　＊第一次世界大戦の概要をまとめた。スタンダードな入門書。
ジャン＝ジャック＝ベッケール・ゲルト・クルマイヒ（剣持久木・西山暁義訳）『仏独共同通史　第一次世界大戦（上・下）』岩波書店，2012年。
　＊ドイツ・フランスを中心に大戦史を全体史として分析しようとする通史。
小野塚知二編『第一次世界大戦開戦原因の再検討——国際分業と民衆心理』岩波書店，2014年。
　＊第一次世界大戦の開戦原因について，通説を再検討するとともに，現在的観点から開戦原因について考察している。
ウィリアム・マリガン（赤木完爾・今野茂充訳）『第一次世界大戦への道——破局は避けられなかったのか』慶應義塾大学出版会，2017年。
　＊新しい研究を踏まえ，第一次世界大戦の起源について，平和維持の国際秩序が機能不全に陥るプロセスを考察しながら説明している。

11　国際協調体制──理念先行の功罪

キーワード：ウィルソンの十四カ条，ヴェルサイユ体制，委任統治，ワシントン体制，不戦条約

石塚正英

1　序論・概要

　第一次世界大戦後の1919年１月からパリで開催された連合国代表によるパリ講和会議の課題は，(1)戦後処理すなわち敗戦諸国との平和条約締結であり，(2)永久的な国際平和の実現である。その２項目は密接不可分の課題だったが，現実には(2)の基準であるウィルソンの十四カ条(平和原則)の実現は未消化に終わり，(1)に対応するヨーロッパ中心的なヴェルサイユ体制(パリ講和会議後)，ワシントン体制(ワシントン会議後)が築かれた。(2)については1928年に不戦条約も締結されたが功を奏しなかった。歴史学習は理念でなく現実に重きを置くとはいえ，理念なくして現実は定まらないという実例もまた歴史総合で学ぶべき点だろう。だが，それに対応した教科書は少ない。国際連盟の失敗を教訓として国際連合が組織された，などということではない。

　なお，(1)の課題は以下のように果たされた。連合国側は，まず1919年６月に，ヴェルサイユ宮殿でドイツと講和条約を結んだ。９月には対オーストリア条約であるサン・ジェルマン条約，11月には対ブルガリア条約であるヌイイ条約，さらに翌1920年６月には対ハンガリー条約であるトリアノン条約，８月には対トルコ条約であるセーブル条約が，相次いで結ばれた。1920年代に入ると，(1)に特化したものでないにせよ，次のように国際協調体制を維持しようとする試みが遂行された。1921年から翌年にかけてワシントンで軍縮会議が開かれた。また，連合国側ではフランスのブリアンやアメリカのケロッグ，敗戦国ではドイツのシュトレーゼマンらが安全保障体制の確立に努力した。本項で

81

第Ⅱ部　国際秩序の変化や大衆化と私たち——歴史総合の分析(2)

は，上記の諸条約によって成立したヴェルサイユ体制とワシントン体制を主要
対象とする。

2　論点・課題

「国際協調体制」の前史的位置にあるが，教員には必要な事柄を以下に記す。
国際的な平和を実現しようとする努力は，すでにグロティウスの『戦争と平和
の法』(1625年) 以来，シュリ『大計画』(1634年)，ウィリアム・ペン『ヨーロッ
パ平和論』(1693年)，アベ・ド・サン・ピエール『永久平和草案』(1713年)，ルソー
『永久平和論』(1761年)，カント『永久平和論』(1795年) というように，思想や
理論の段階で続行されてきた。それが19世紀になると，まず1815年にロシア皇
帝アレクサンドル１世の提唱により神聖同盟が成立する。さらに1899年には，
ロシア皇帝ニコライ２世の提唱により万国平和会議が開催され，国際協力への
実際的な努力が開始した。この前史的な説明は現在の教科書にはないが，ウィ
ルソンの十四カ条 (平和原則) 解説の導入部に必要なはずである。

　パリ講和会議はウィルソンの原則に従うよりも，旧来の帝国主義国のイギリ
ス・フランスに新興帝国主義国のアメリカを加えた３大国の指導に依存する傾
向が強かった。このテーマを学習するに際しては，当時のアメリカ大統領ウィ
ルソンの十四カ条 (理念) と国際会議の動向 (現実) とのギャップを検証するこ
とが課題となる。

　この会議は当初，アメリカ・イギリス・フランス・イタリア・日本の５大国
によって指導されることになっていた。だが，そのうち日本がヨーロッパ問題
に利害が薄かったこと，またイタリアはアドリア海北岸にあってイタリア系移
民の多いフィウメ港を併合しようとしていたことから，事実上は残り３大国が
指導権を握った。またたとえば中国は，この会議で二十一カ条の要求廃棄や，
山東省におけるドイツ権益の中国への返還要求を提出したが無視された。ま
た，対独制裁の面でも，とりわけフランスの態度が強引であり，ドイツがヴェ
ルサイユ条約で定められた賠償金の支払いを遅らせたのを口実に，1923年ルー
ル出兵を敢行した。要するに，人類史上初めての世界的規模の平和会議である

にもかかわらず，欧米3大国の利害が優先したのである。十四カ条の民族自決（実教『詳述』135頁，帝国『明解』107頁）は，オーストリア・ハンガリー帝国とオスマン帝国の解体の結果ともいえる（東書『詳解』108頁）。また，アジア・アフリカ・太平洋地域は「委任統治」という支配論理のすり替えによって，民族自決から除外された。

さて，ヴェルサイユ条約などの諸条約・諸会議で成立したヴェルサイユ体制・ワシントン体制の動向については，ヨーロッパ地域を重視する教科書と（山川『近代』114-116頁），アジア諸地域を重視する教科書がみられる（実教『詳述』138-141頁，帝国『明解』109-112頁）。そのうち後者は，たとえばトルコ革命やインドの反英運動，朝鮮の三・一運動や中国の五・四運動，東南アジアの民族運動を重点的に扱っている。1920年代を学習する場合，従来は以下のように欧米が中心だった。アメリカは大戦中に債務国から債権国に転じ，また多大な海外資本を有するに至った。イギリスは1926年にイギリス帝国会議を開催し，自治領の政治的独立を宣言して，それを1931年にウェストミンスター憲章として成文化した。

なお，欧米列強の動きのうち，第一次世界大戦中にパレスチナ地域との間で相互に矛盾する条約を結んだイギリスに関しては特に学習するべきである。すなわち，まず第1は1915年10月のフサイン・マクマホン協定で，これは大戦後におけるアラブ人の独立国家建設を承認したものである。第2は1916年5月のサイクス・ピコ協定で，これは英・仏・露によるオスマン帝国領の分割を協定したものである。そして第3は1917年11月のバルフォア宣言で，これはパレスチナを含む地域でユダヤ人国家を樹立させるという内容だった。

3　現代との対話

第一次世界大戦後の国際協調体制とは，いったい何を指すのか。イギリス・フランス・アメリカ3国による敗戦諸国の処理にかこつけて，結局はビスマルク外交に典型的なバランス・オブ・パワーの再編（第二次世界大戦の遠因）にすぎなかったともいえる。そのような経過を許した原因の一つに，国際連盟が満場

第Ⅱ部　国際秩序の変化や大衆化と私たち——歴史総合の分析⑵

一致の決議制をとり，侵略に対する武力制裁の手段を持たなかった点が挙げられる。教科書の大半はヴェルサイユ条約締結前後を「国際協調体制の形成」としているが，それが妥当するのは，現実にはウィルソンの十四カ条という理念の提起までにすぎなかった。なるほど，十四カ条はたしかに記されているが（実教『詳述』135頁，帝国『明解』107頁，山川『現代』93頁），事実に即して記述が簡略化されている。だが決して不完全とは言い切れない。

　問題なのは，国際連盟はウィルソンが中心となって設立されたとされる一方（東書『詳解』108頁），現実の国際連盟はウィルソン（アメリカ）抜きに創設されたことであろう。つまり，ウィルソン的国際連盟だけを捉えれば，すぐれて21世紀的なのである。つまり，当時は理念先行だったが，21世紀にはこれが現実的になってきた，ということである。

　さて，2022年2月24日にロシアのプーチン大統領は，ウクライナ東部での「特別軍事作戦」を実施すると宣言し，大規模な軍事侵攻を開始した。同年7月，世界最大の武器輸出国であるアメリカは，ウクライナや近隣の東欧諸国に対して，23年9月末までの間，軍事物資を貸与するための手続きを簡略化し，迅速に提供することを可能にする法律，いわゆる「レンドリース法＝武器貸与法」を成立させた。この法律は，1941年から45年にかけてアメリカが連合国側への物資支援を目的に成立させた対枢軸国プログラムで，その80年ぶりの復活だった。

　以上の米露両国の動きをみると，前者は旧来の国家（正規軍）による戦争を遂行していると解釈できるが，後者はワグネルと称する民間軍事会社（プライベート・ミリタリー・カンパニー＝PMC）が戦争を一部代行していると解釈できる。しかし，PMCについていっそう詳しく調べてみると，アメリカ軍やイギリス軍にも介在していることが分かる。現代との対話はこの事実に関してなされる必要がある。要するに，戦争はいまやビジネスの対象となっているのである

4　資料分析

　教科書には，資料の活用に関して今日的な意義や意味を端的に問うものがあ

る。たとえば，「交通革命や情報革命は，現在につながるどのような変化をうみだしただろうか」（実教『詳述』63頁）である。当該の資料は「19世紀後半の海底ケーブル網」と題した世界地図である。教科書には次の説明が掲載されている。「情報の面では，通信手段としての電信がモールスらによって発明され，19世紀後半には大西洋を横断する海底ケーブルが開通した」。

この資料提示による学習目的は，一国の領土・領海を越える通信網の意味（外交・貿易・植民地経営など）を考えることだろう。あるいは，トランプアメリカ大統領とSNSに関する次のコラムがある。「世界のリーダーの一人であるアメリカ大統領の発言は多くの人々から注目されている」（帝国『明解』94頁）。このコラムは明らかに現代との対話を意図している。

きわめて有意義な資料提供である。

5　結論・考察

国際協調体制に関連して，これまで国際連盟と国際連合の2つの組織が歴史上に登場した。いずれも集団安全保障体制の構築を目指したものだが，そのうち前者は満場一致の決議や軍事力不保持などが原因となって機能不全に陥り，後者は議決権や軍事力を分担する常任理事国自体が国際法を踏みにじる事態を招いて機能不全に陥っている。その事態を現場検証的に学習するには，以下の問いは重要となる。「ヴェルサイユ体制と国際連盟にはどのような課題があったか，それぞれ説明しよう」（帝国『明解』108頁）。前者は戦後処理の政治体制であり，後者は政治理念であるが，前者については，当事国それぞれに個別の利害が最優先されたということである。

しかし，それは国民国家としての個別利害である。いまや自国優先とポピュリズム，移民排斥やテロ攻撃が強まりつつ，国家（機能）の民営化が進んでいる。複数の国軍に関わる民間軍事会社はその一つである。それから，南北に入れ子状態の経済格差をもたらしているグローバル・サウスも地域に特化した従来の集団安全保障の壁を突き崩している。経済的にも，グローバル・サウスは南北の順位をひっくり返す勢いである。学習の課題はウィルソンの十四カ条，

第Ⅱ部　国際秩序の変化や大衆化と私たち——歴史総合の分析(2)

特に第14条に注目することである。その上で，国際連盟が構築し国際連合が継承した普遍的国際機構，およびそれと地域機構との連携をどのように維持するか，という問いを立て考えてみることだろう。

📖ブックガイド

樋口真魚『国際連盟と日本外交——集団安全保障の「再発見」』東京大学出版会，2021年。
　　＊米大統領ウィルソンがヴェルサイユ条約締結に失敗し，その後を受けたハーディングがワシントン条約で日英米による中国既得権の確認を取りつけるなど，大戦間の外交を詳論している。
油井大三郎『避けられた戦争——1920年代・日本の選択』筑摩書房（ちくま新書），2020年。
　　＊1920年代，日本は国際連盟の常任理事国に選出され国際平和の実現に尽力したが，1930年代に至ると一転して戦争への道を歩み始めた。それを避ける道はなかったのか，という問題を検討している。
帯谷俊輔『国際連盟——国際機構の普遍性と地域性』東京大学出版会，2019年。
　　＊国際連盟の歴史的評価（イメージ）は「失敗」とされるが，そうではなく，シリア内戦やウクライナ戦争における国際連合の対応を参考に，集団安全保障の歴史として評価している。
長沼秀世『ウィルソン——国際連盟の提唱者（世界史リブレット人74）』山川出版社，2013年。
　　＊第一次世界大戦に際して，いわゆる「ウィルソンの14カ条」を発表したことで知られる第28代アメリカ大統領ウィルソンは，そうした活動を通じて国際連盟規約を成立させる主役を担った。本書はその人物評伝である。
篠原初枝『国際連盟——世界平和への夢と挫折』中央公論新社（中公新書），2010年。
　　＊ウィルソンの提唱によって成立した国際平和組織で，のちの国際連合へと連なる国際関係の枠組みを整えた。副題にある通り，当初の理想は次第に潰えていく。本書はその過程を分析している。

12 社会主義と共産主義——ソヴィエト連邦の誕生

キーワード：ロシア革命，社会主義運動の拡大，対ソ干渉戦争，シベリア出兵

杉 山 精 一

1 序論・概要

本項では「社会主義と共産主義」をキーコンセプトとして，キーワードに挙げた「ロシア革命」「社会主義運動の拡大」「対ソ干渉戦争」「シベリア出兵」などをめぐって，20世紀最大の世界史的事件の一つであるロシア革命，および，その影響を各教科書がどのように叙述しているかを分析する。

ただし，歴史的経緯からその中心は「ロシア革命」にならざるを得ない。というのは，各教科書を概観してみれば一目瞭然のように，キーコンセプトである「社会主義と共産主義」について，そこで扱われている社会主義とは，いわゆるマルクスのいう社会主義・共産主義（マルクス主義）がほとんどである。その中で東書『詳解』は，「初期社会主義」を特集で取り上げ，詳しく紹介している（59頁）。19世紀半ばにマルクスとエンゲルスによって産声を上げた共産主義は，半世紀を経てレーニンによって国家を指導するイデオロギーとして結実し，社会主義の中の一つの潮流から，それまでの社会主義とは違う独立した思想として確立した。この原因は，やはりロシア革命という結果を残したから思想が生き残ったという面があるであろう。論点・現代との対話でも取り上げる「社会主義と共産主義」をどのように教えるか，という点に通じる問題である。

2 論点・課題

⑴なぜ社会主義運動は大きな影響力を持ったのか

各教科書とも，まずは1917年の「ロシア革命」の叙述から始まる。3月のペ

第Ⅱ部　国際秩序の変化や大衆化と私たち——歴史総合の分析(2)

トログラードでの労働者・兵士のデモから，「二月革命」・「十月革命」を経て，翌1918年3月の対ドイツ単独和平の成立（ブレスト＝リトフスク条約締結）まで，ほぼ同内容の記述である。実教『詳述』，帝国『明解』が，ロシア革命の項目に1905年1月の「血の日曜日事件」を取り上げて，革命の原因が単に世界大戦だけでなく，前世紀から続く抑圧的な帝政も原因の一つであることが思い起こせるよう配慮している（実教『詳述』130頁，帝国『明解』99頁）。そして，ロシア革命の余波として起こった中・東欧における革命運動は，ことごとく失敗に終わる。しかし，その後，欧米各国は，国民の不満をやわらげるために参政権拡大や福祉の充実に取り組むことになる。そのことが，それらの国々における非マルクス主義的な労働者政党の躍進につながっている点は注目すべきであろう（東書『詳解』111頁）。

　以上のことから，社会主義運動の影響力の大きさは，それまで蓄積された社会矛盾の大きさ，および，欧米諸国において，第一次世界大戦後に拡大された権利の大きさを表すものである，といえよう。

(2)対ソ干渉戦争とシベリア出兵

　欧米諸国のソヴィエト政府に対する干渉戦争は，革命の波及を恐れる帝国主義諸国が捕虜となっていたチェコスロヴァキア軍の救出を名目として実行されたと説明されている。しかし，それ以前に，ロシア国内が革命派一色で統一されているわけではなかった，ということのために，国内の反革命派の存在を押さえておかなければならない（東書『詳解』110頁／白軍・赤軍という呼称を，山川『現代』〔90頁〕も触れている）。諸外国の干渉と国内反革命派に対して，ソヴィエト政府は強い危機感を持った。強力な経済統制である「戦時共産主義」体制の構築や，秘密警察といえる非常委員会（チェカ）による反革命勢力の取締りなどは，その表れといえる。また，食料徴発に対しては，農民の反発も強かったことも考え合わせる必要がある。

　日本のシベリア出兵については，同じく出兵した欧米諸国とは違う日本の特殊性を考察する材料になるだろう。帝国『明解』は欄外に「シベリア出兵の目的」を設け，日本軍のシベリア出兵の目的，および拡大・長期化の要因について「背景には，共産主義の脅威に対抗するため，シベリアに現地政権を樹立し

12 社会主義と共産主義——ソヴィエト連邦の誕生

ようとする陸軍の思惑があった」(100頁) と説明している。

(3)「社会主義と共産主義をどう教えるか」

　社会主義と共産主義という2つの思想や社会体制は, どのような点が同じで どのような点が違うのか, 非常に重要な論点である。取り上げた5つの教科書 の中では, 東書『詳解』が欄外に「社会主義と共産主義」というコラムを設け, そのことを解説している (111頁)。「資本主義のもとで行きすぎた競争や分配の 不公正を是正し, 社会の調和と労働者の解放を目指すのが社会主義であり, あ らゆる生産手段を皆で共有し, 生産物を平等に分配することにより, 公正な社 会の実現をめざす考え方が共産主義である」,「両者とも, そのなかにさまざま な考え方をふくみ, しばしば混同される」, と簡潔にまとめるが, これ以後の 政治に大きな影響を与えるものだけに, その様々な考え方がどのようなもの か, どう触れるかの課題が残っている。特に,「歴史総合」学習後に選択する であろう「世界史探究」「日本史探究」における同内容の学習において, いかに 教えるか, あるいは教え方に差を設けるのか, という課題もある。高校におけ る歴史学習は「歴史総合」のみである, という生徒も想定される。したがって, 週2時間という制約された「歴史総合」においては, 上記『詳解』のようなコン パクトな解説を活用することも有効であろう。

3　現代との対話

(1)ロシア革命成功の要因

　ロシア革命はなぜ成功したのか, という問いは, 同時期のドイツやオースト リア・ハンガリー帝国での革命の動きはなぜ失敗したのか, という問いにもつ ながっている。従来の説明では, 20世紀初頭まで残存した絶対王政さながらの 皇帝の強大な権力や, 農業・土地制度に起因する, 工業の発展に遅れた後進 性, そして, レーニンの革命家としての偉大な才能に原因を帰すものなどが あった。当然, 歴史的事象にはある偶然性が作用している。しかし, たまたま ではなく, なぜ「あの時・この場所」で起こったのかという問いを政治経済上 の観点のみならず, 民衆の生活・風土・文化など多極的に問い直すことが求め

第Ⅱ部　国際秩序の変化や大衆化と私たち——歴史総合の分析(2)

られている。

(2)幸福な社会の実現という困難さ

　社会主義にせよ，共産主義にせよ論点にある説明では，いずれも「公正な社会の実現」という目的は共通している。また，その目的の延長線上に「平等・幸福な社会の実現」があるならば，問わなくてはならない相反する2つの問題点が浮かび上がる。

　一つは「13　世界恐慌」で触れる「スターリン体制」のような事例がどうして生じるのか，すなわち，「幸福な社会の実現」が目的だったはずのロシア革命の結果，どうして独裁や全体主義が生じるのか，という問題であり，もう一つは，第二次世界大戦後の主に資本主義国側の福祉国家建設とその結果である。福祉国家化の原因として，大戦時の自国民の協力に報いるためと，社会主義諸国の政策に対抗するため，が挙げられると思うが，福祉国家政策の結果はどうであったか。周知のように，「大きな政府」化と巨額の「財政赤字」をもたらした。これらはポピュリズムの結果といえるが，もし資本主義諸国において福祉国家政策が「幸福な社会の実現」のために実施されたのであれば，同じような政策が社会主義国で行われても，やはり同じような結果が生じたであろうと推測することができる。社会主義思想が発生した要因の一つは，産業革命以降強力に拡大した国民間の経済的格差の解消という側面がある。しかし，約1世紀後，経済的格差解消のための実践的政策である福祉国家政策が国家財政を破綻させていくという結果は，国家運営の困難さを直接的に示しているといえよう。

4　資料分析

　各社とも使用される資料は，(1)写真，(2)絵画，(3)地図である。そのうち「演説するレーニン」の写真を4社が掲載する（山川『現代』が顔写真のみ）。「なぜ人々はレーニンを支持したのであろうか。大衆社会において指導者に必要とされる能力について考えてみよう」（実教『詳述』131頁）。また，ソヴィエト＝ロシアのポスター（「世界帝国主義に死を」山川『近代』110頁）や，革命関連の資料紹介が多い（ポスター「ボリシェヴィク～赤旗を掲げたボリシェヴィキ」実教『詳述』130

頁）。地図では，日本のシベリア出兵の範囲を示した地図を2社が掲載する（実教『詳述』131頁と山川『近代』111頁）。地図は，「なぜ日本はこんな所まで出兵したのか」という問いを立て，その広さに実感を与える資料である。

5　結論・考察

ロシア革命は20世紀の，そして世界史上の大事件である。ロシア革命以前には，マルクスの主張のようには，必然的に世界中でプロレタリア革命が起こるということはなかったし，それ以後の，人為的に共産党を各地に増やそうというコミンテルンのような活動は実を結ばなかった。しかし，第二次世界大戦前後に起こった，社会民主主義を含めた社会主義化の試みや，また，陳独秀の中国共産党やホー・チ・ミンのベトナム共産党などアジアへの影響も大きい。1991年のソ連邦崩壊やそれ以前からの経済的失敗を例にとって，「共産主義の誤り」を喧伝する議論も多いが，共産主義という思想の当否と，一党独裁や官僚主義，軍拡路線の失敗，失政と混同してはならない。

📖ブックガイド

池田嘉郎『ロシア革命　破局の8か月』岩波書店（岩波新書），2017年。
　　＊ロシア革命とは何だったのか，を理解するのに最適な一冊である。「二月革命」と「十月革命」とは何か，その後の行方を決めた8ヵ月間を立体的に理解できる。
麻田雅文『シベリア出兵——近代日本の忘れられた七年戦争』中央公論新社，（中公新書），2016年。
　　＊対ソ干渉戦争では，日本は最後まで出兵を続けて多くの犠牲者も出した。シベリアやオホーツク海域での権益確保のためといわれるが，政府と陸軍ではその理解も考え方も一枚岩ではなかった。
下斗米伸夫『ソビエト連邦史　1917-1991』講談社（講談社学術文庫），2017年（初出2002年）
　　＊ソ連史の通史も一冊挙げておく。その始まりから終わりまでを見通せるコンパクトな一冊と言える。
猪木正道『[新版 増補] 共産主義の系譜』KADOKAWA（角川ソフィア文庫），2018年（初出1949年，再刊1994年）
　　＊日本人による共産主義研究の古典であり，原著は戦後まもなく刊行された。その時代の，日本人の，「共産主義理解」という観点から推薦したい。

13 世界恐慌——各国の対策と影響

キーワード：ニューディール政策，ブロック経済，スターリン体制

杉山精一

1 序論・概要

　本項では「世界恐慌」をキーコンセプトとして，「ニューディール政策」「ブロック経済」「スターリン体制」といったキーワードをめぐって，第一次世界大戦と第二次世界大戦の戦間期である1930年前後の世界史的出来事を論じる。世界恐慌は，間違いなく第二次世界大戦の第一の原因である。また，世界恐慌は，第一次世界大戦と第二次世界大戦という2つの大戦を経済の分野で取り結ぶ重要な要素である。世界恐慌の原因の一つは，第一次世界大戦による好景気であり，世界恐慌の対策が第二次世界大戦の原因になっているからである。それだけに，この項の授業においては，世界恐慌前後の要因を意識しつつ進めなければならないだろう。

2 論点・課題

　「歴史総合」という科目では，「総合」という名目が「日本史－世界史」の総合に目が行きがちななか，「日本史－世界史」と「政治・経済」という科目の総合，また，「地理歴史科」と「公民科」との教科の総合が試みられることこそ，「歴史総合」という科目の要諦ではないかと思える。以下(1)では，「政治・経済」という科目との，また(2)では「経済史（通貨制度）」との総合－連携の例を挙げる。

(1)教科「政治・経済」との連携
　アメリカ合衆国では，第一次世界大戦後の好景気から一転，1929年10月に突

13 世界恐慌——各国の対策と影響

然の株価暴落が発生し，それが世界中に波及する。原因は，第一次世界大戦による空前の好景気に煽られて，過剰な設備投資・生産を繰り返したこと，その反面，農民の所得・購買力はさほど上がっていなかったことである。各教科書は，それぞれの分量ながら原因について触れ（東書『詳解』124頁，山川『現代』115頁など），その中で山川『近代』は，「恐慌自体は，珍しいことではなかった。自由な経済活動によって成り立っている市場経済では，なかば循環的に，生産と消費のバランスが崩れて，価格が暴落して，長期の不況（恐慌）が発生する」（132頁）と，「公共」の経済分野で扱われる「景気の循環」に則った説明を置き，その後，「……アメリカで農産品の価格が低下傾向にあったため，農民の（中略）購買力が低下した……。つぎに，大量生産が可能になったことで，商品が過剰に生産され，供給が過多になっていた。さらに，アメリカに世界の資本が過度に集中していた……」（132-133頁）と，世界恐慌の原因を説明する。他には，共和党政権下での自由主義的政策，あるいは大企業重視の政策に触れている教科書もある（山川『近代』133頁，帝国『明解』123頁）。意欲的な教科書作りと評価したい。しかしながら，このレベルの理解を公民系の科目の理解なしに歴史の授業のみで生徒に求めるのは，無理があるのではないか（「歴史総合」・「公共」が何年生に配当されるかという問題，また，同学年で併行して教えられるということであれば，たとえば「景気の循環」が既習であるかどうか，ということも影響してくるだろう）。いずれにせよ，2単位の授業でここまで説明が必要ならば，教科書全体の半分程度しか進まなかった，ということにもなりかねないだろう。

(2)経済史 (通貨制度) をどう教えるか

(1)に挙げた課題への取り組みの一つの例として，東書『詳解』は「世界恐慌」の単元のあとに「通貨制度の歴史」というコラムを見開き2頁にまとめている。「紙幣の誕生から近代的通貨制度の成立」，「国際金本位制の時代」から第二次世界大戦後の「ブレトン・ウッズ体制から変動相場制へ」とまとめられており，適切な配置と考えられる（126-127頁）。

(3)ニューディール政策への評価

1933年に大統領に就任したフランクリン・ローズヴェルトは，政府による経済への直接介入，公共事業への積極的支出によって景気回復を図るニュー

93

第Ⅱ部　国際秩序の変化や大衆化と私たち——歴史総合の分析(2)

ディール政策を開始した。全国産業復興法（NIRA），農業調整法（AAA）やテネシー川流域開発公社（TVA）による施策は，決して順調に進んだわけではなく，後に産業復興法と農業調整法はともに連邦最高裁判所で違憲判決を受け，失業者対策にしても1939年においても900万人以上の失業者がいた。こうした点について，各教科書は「決して順調ではなかった」（実教『詳述』155頁），「しかし，それでもローズヴェルトは，恐慌対策を果断に進め」（山川『近代』134頁）と，教科書ごとに少しニュアンスを変えて説明されている。ニューディールの成果は，実際は軍需産業に支えられていたと記す教科書（東書『詳解』125頁）もあり，世界恐慌の対策は，アメリカ＝ニューディール政策，イギリス・フランス＝ブロック経済，と図式的に語られがちな部分であるが，多面的理解が必要と思われる事例である。

3　現代との対話

⑴恐慌の波及や各国の対応は「過去の話」ではない

「世界恐慌」は，単にアメリカを不況に陥れただけでなく，アメリカがヨーロッパ各国から資金を引き上げた結果，ヨーロッパの金融危機を招き，とりわけドイツでの経済的混乱はドイツ人のナショナリズムを刺激する結果となった。これが，ナチスの台頭時にドイツ国民がナチスを支持する素地となっていることを考えると，のちに第二次世界大戦後，アメリカを中心に「IMF－GATT体制（ブレトン・ウッズ体制）」を構築したことを，経済的安定こそが戦争防止である，という観点から理解することができるであろう。一方，イギリスやフランスは広大な植民地を背景に，スターリング＝ブロック，フラン＝ブロックを形成し，世界経済の一体性を阻害すると同時に，「持たざる国」のドイツ・イタリア・日本の反発を呼び，それらの国々による他国・他地域侵略に対し心理的な正当性を与えることとなった。また，この不景気による政治の不安定や中産階級の没落，労働条件の悪化は，確実に次なる戦争への準備段階となった。

94

⑵スターリンの評価

1924年にレーニンが死去すると，世界革命路線を主張するトロツキーを排除し，一国社会主義を標榜するスターリンが権力を握った。新経済政策（NEP）が労働者の支持を得ないとみるや，1927〜28年に突如として全面的社会主義建設へ舵を切り，「第1次五カ年計画」は工業生産力を大幅に増大させたが，その反面，強制的な農業集団化では生産の停滞，過剰な穀物の調達によって大きな被害を生んだ。また，1934年からの大規模な粛清は，スターリンの個人的な特性なのか，あるいは経済的・政治的なロシアの社会主義化のための反対派の排除であった，とするか評価が分かれる。いずれにせよ，一方だけの説明では偏りが生じることになるだろう

4　資料分析

各教科書とも掲載資料は，時代的に写真が圧倒的に多くなる。ウォール街の混乱，求職者の姿，ローズヴェルトやスターリンの横顔などである。それらに対してこの項目において必要不可欠と思われる資料は，世界貿易，工業生産額，失業率などの統計資料ではないだろうか。実際，この項目においては統計資料は充実している（「世界貿易量」2社，「工業生産額」4社，「失業率」3社，「鉱工業生産額」2社，「農産物価格」1社）。

とりわけ山川『現代』では，株価指数，企業倒産件数，各国の鉱工業生産指数，工業製品・農産物価格の推移の表が並び（115-116頁），これらの恐慌前後の数値を見比べることだけでも経済状況の変化が実感できるだろう。また，同様に山川『現代』には，「日本の貿易構造の変化」という一覧もついている（114頁）。第一次世界大戦前の1912年と世界恐慌後の1935年の貿易相手国・地域の輸出入の割合の変化が見て取れるので，ぜひとも活用したいところである。

5　結論・考察

本項冒頭に挙げたように「世界恐慌」の項目は，第一次世界大戦と第二次世

界大戦を結ぶものであり，世界恐慌の原因は，直接的には1920年代の肥大化し
たバブル経済であり，その遠因は第一次世界大戦による好景気であった。この
時の各国の対策が，やがて第二次世界大戦を引き起こすことになるだけに，世
界恐慌やその対策について，政治的側面や経済的側面など多角的な面からの説
明が求められる。また，19世紀以来，帝国主義体制下で肥大化を続けてきた資
本主義の一つの帰結であるとの観点が求められるだろう。これらを統計資料を
活用しながら提示する必要がある，と思われる。

📖ブックガイド

中野耕太郎『20世紀アメリカの夢——世紀転換期から一九七〇年代（シリーズアメリ
　　カ合衆国史3）』岩波書店（岩波新書），2019年
　＊アメリカ史の，特に通史的な理解にはコンパクトな参考図書である。
秋元英一『世界大恐慌——1929年に何がおこったか』講談社（講談社学術文庫），2009
　　年（初出1999年）。
　＊アメリカ史の中の世界恐慌，あるいはアメリカの経済史・経済政策から見た世界
　　恐慌，という観点から書かれている。とかく歴史の授業は，政治史に傾きがちと
　　の批判があるが，それを補う1冊と言えよう。
佐藤千登勢『フランクリン・ローズヴェルト——大恐慌と大戦に挑んだ指導者』中央
　　公論新社（中公新書），2021年
　＊次に紹介するスターリンとともに，ローズヴェルトはこの時代の最もよく知られ
　　た人物であろう。そのため類書も非常に多く，内容や焦点の当て方も多岐にわた
　　る。そのため，まずは簡潔にまとめられた伝記に類する図書が入門には最適では
　　ないか。
横手慎二『スターリン——「非道の独裁者」の実像』中央公論新社（中公新書），2014年
　＊上記『フランクリン・ローズヴェルト』と同様に，簡潔にまとめられた伝記に類
　　する図書，という観点から選んで見た。もちろん，その特異なキャラクターから
　　「非道の独裁者」と副題にもあるが，教科書・資料集に表れる説明にとどまらず，
　　業績・批判の双方から生徒に紹介するハンドブックとして適していると思われる。

14 ファシズム——人はなぜ独裁を受け入れるのか

キーワード：ファシズムの登場，ヒトラー内閣の成立，ファシズム体制，対外侵略

瀧津伸・尾崎綱賀

1 序論・概要

　本項では，「ファシズム」について，「人はなぜ独裁を受け入れるのか」を主題として，これを解明するために，「ファシズムの登場」・「ファシズム体制」を論点として教科書分析を行う。「論点・課題」では，論点に関わる「中心的な問い」（以下 MQ と記す），「MQ を支える問い」（以下 SQ と記す）を挙げ，そこから生じる課題について考察する。「現代との対話」では，現代も世界中に多く存在する独裁国家とファシズムとの関係に注目し，「なぜ，独裁国家はなくならないのか」という問いについて考察する。「資料分析」では，問いの探究・解決を支援するためにどのような資料が教科書で取り上げられているかを分析し，資料の活用場面，留意点等を考察する。学習指導要領は，国際協調体制を動揺させた要因の一つとして「ファシズムの伸張」を理解することを求めている。各教科書とも，この文脈で記述するとともに，なぜファシズムが政権を取ることができたのかという問いを発し，選挙や民主主義を考える題材にしている。

2 論点・課題

　最初の論点「ファシズムの登場」について，MQ として「ファシズムが何を主張し，どのようにして勢力を伸張させたか？」が問われ，関連して SQ「ファシズムとは何か？」という問いが発せられる。教科書は，カリスマ的なリーダーの強力な指導のもと（実教『詳述』156頁），反共産主義を掲げて，民族や国家の利益を何よりも優先させる大衆運動を進め，暴力や対外侵略によって国民

第Ⅱ部 国際秩序の変化や大衆化と私たち——歴史総合の分析(2)

的統合を図ろうとした独裁体制や思想をファシズムと定義している（帝国『明解』125頁）。次に「なぜファシズムが登場したのか？」というファシズム登場の背景を問うSQが発せられる。ファシズムは，第一次世界大戦後の国際秩序に対する不満や社会的不安定を背景として，ロシア革命の影響により勢力を拡大した社会主義運動に対抗してイタリアで登場し，ヨーロッパ各国へと広がった。ただ，1920年代の時点では，大衆動員と暴力的な行動によって独裁体制を築いていったイタリアのムッソリーニ率いるファシスト党政権を除いて，大きな勢力にはなっていない。

　そこで，次のSQ「なぜ，ファシズムは伸張することができたのか？」，特に「なぜ，民主主義国家でヒトラー内閣のような独裁政権が生まれたのか？」が問われる。ファシズム伸張の契機になったのは，1929年に始まる世界恐慌である。ドイツでは，人々が，深刻な経済危機を解決できない既存の政治勢力に幻滅していた。この状況を利用して勢力を拡大したのがナチ党（国民社会主義ドイツ労働者党）である（石田 2015: 100-112頁）。ナチ党は，人種主義を基調とする極端なナショナリズムと反ユダヤ主義，反共産主義，議会制打破による国民的統合を図り，ヒトラーを指導者として巧みな宣伝で大衆動員に成功し，選挙で第一党になった。1933年，共産党進出を懸念する保守派と産業界の協力を得て，ヒトラー内閣が成立した。政権掌握後にヒトラーは，共産党弾圧，全権委任法の制定などを断行して一党独裁体制を樹立した（東書『詳解』130頁）。以上の記述は，おおむね各教科書で述べられている。ファシズムの記述はイタリア・ドイツ中心になるが，グローバル・ヒストリーの視点から，それ以外の国々にもファシズムの影響が広がったことにも注目したい。スペインでは，ドイツとイタリアの支援により，ファシズム伸張に対抗する人民戦線政府を内戦で倒したフランコ将軍が独裁体制を築いた。さらに，オーストリアや東欧諸国などにも独裁的な政治体制が成立した（東書『詳解』131頁）。日本では1930年代に軍部が台頭し，議会や政党から政治の主導権を奪った。独裁的権力こそ成立しなかったものの，思想弾圧や経済統制を行ったこと（山川『現代』120頁）や新体制運動（山川『近代』144-145頁）の中にファシズムの影響が見られる。

　次の論点「ファシズム体制」について，MQとして「ファシズムはどのよう

98

な統治を行い，人々はなぜそれを受け入れたのか？」が問われる。まず，SQ「ファシズムによる統治はどのように行われたか？」が発せられる。ファシズム体制は，ナショナリズムによる国民統合（ナチ・ドイツの場合は「民族共同体」の建設）を強く進め，国民統合の敵としたもの（政治的反対派や国内の少数民族〈ドイツでは特にユダヤ人〉など）に対しては，弾圧や迫害を加え，思想・言論統制で体制強化を図った。また，経済を国家の統制下に置き，軍備拡大と対外侵略を推し進めた。このような強力な独裁体制を「人々はなぜ受け入れたのか？」というSQに対して，多くの教科書は，公共事業によって失業者を減らしたことを挙げ，実教『詳述』は，それに加えて，大規模なレジャー施設・レクリエーション組織・福祉事業などを整備したことを挙げて，人々がファシズム体制の下で生活が豊かになると期待していたことを示している。このことからファシズム，特にナチスは「良いこと」もしたという認識を生徒がもってしまうことが考えられる。しかし，これらの政策はあくまでも「民族共同体」を強化するために行われたものであり，一方で「共同体」の外におかれた人々（特にユダヤ人）に対する差別や迫害も助長した。また，失業の解消も，公共事業よりも軍事産業の拡大によるところの方が大きかった。これらのことからナチスがした「良いこと」は，本当に「良いこと」なのかが問われなければならない（小野寺・田野 2023参照）。

　ナショナリズムの主張も人々がファシズムを受け入れた要因である。ファシズムは，第一次世界大戦後の国際秩序（ヴェルサイユ体制）に対する不満を訴え，多くの国民の共感を得た。さらに，自国の強国化と対外侵略による支配地域の拡大を目指して強硬な軍事的政策をとり，第一次世界大戦後の国際協調体制を破壊していった。イタリアは1935年にエチオピア侵略を始め，ドイツは1938年より東方への生存圏拡大を開始した。イギリスとフランスはヒトラーに対して宥和政策をとったが，かえってドイツの侵略を促すことになり，世界は第二次世界大戦の道を歩み始めることになったのである。

第Ⅱ部　国際秩序の変化や大衆化と私たち──歴史総合の分析(2)

3　現代との対話

　スウェーデンの独立研究機関「V-Dem研究所」が発表したデータによると，2021年時点で独裁的な権威主義国家は世界人口の約7割を占め，民主主義国家は人口の約3割にすぎない。そこで，「なぜ，独裁国家はなくならないのか？」という問いが出る。ファシズム独裁は，国際秩序に対する不満や社会的不安定さを背景に登場し，経済危機の中で勢力を伸張させた。21世紀に入って，グローバル化の限界を示す度重なる危機（金融危機，難民危機，コロナ危機，ロシアのウクライナ侵攻以降の世界的な物価高騰など）の中で，中国やロシアといった新興国では，独裁的な体制のもとで経済発展が進められ，それに接近する国も増えている。民主主義国家においても，グローバル化に対する不満，移民や難民の増加に伴う諸問題への懸念，経済危機から，排外主義に傾いて国家の主権を重視することを主張し，問題をすぐに解決できない既存の政治勢力を批判するポピュリズムが高まるなど，民主主義のゆらぎがみられる（東書『詳解』209頁）。まさに，ファシズムの学習は，「現代的な諸課題」の解決を考える題材になる。

　各教科書は，「なぜ，民主主義国家でヒトラーのような独裁者が登場したのか」という点を重視して，問いを発している。この問いの解決を構想・考察・説明しようとする時，(1)危機に直面した際，民主主義では，課題解決のために議会で議論を尽くし，異なる意見にも配慮するため，人々には解決に時間がかかるように見えるのに対して，ファシズムなどの独裁体制では，独裁者が政策を決定して即座に実行するので，スピード感をもって課題が解決（例：ドイツにおける失業者の急速な減少）しているように見える点。(2)一方で，独裁体制は，反対者や批判者を徹底的に弾圧するため，誤った政策（例：無謀な侵略戦争やナチ・ドイツによるホロコーストのような犯罪行為）を実行しようとした時，これを止める力がほとんど働かなかった点は，議論の重要な材料になると考えられる。

100

4 資料分析

　ここでは，ファシズムについて，各教科書が挙げる資料を本項の論点や問いの解決という視点から分析したい。まず，「ファシズムの登場」について，山川『現代』は，ヒトラーの演説，ムッソリーニの主張，ナチ党綱領の一部を掲げてその主張を示している（118-119頁）。多くの教科書は，世界恐慌後の失業率のグラフでドイツの経済危機の深刻さを生徒に読みとらせた上で，ナチ党のポスターを挙げて，ナチ党が不況からの救済を唱えて人々の支持を集めたことを理解させようとしている。

　「ファシズム体制」については，体制による国民統合を示す資料が多数示されている。多くの教科書は，各種組織やイベントに人々が制服を着用して参加する姿を示した写真を掲げ，国民の一体感が演出されていたことを示している。また「歓喜力業団」による旅行やフォルクスワーゲンのポスター，福祉を推進するポスターを挙げて，ナチ政権が国民に「豊かな生活」の夢を与えていたことを示している（実教『詳述』156-157頁）。ただし，これらは，プロパガンダであって，実態は異なることを説明する必要がある。ナチ政権が国民を「豊かにする」政策を「民族共同体」に統合される国民に対して行う一方で，「共同体」の外においた人々を迫害していたことについて，実教『詳述』は，ナチ体制を支持していた女性の証言と「民族共同体」の外で迫害されたユダヤ人の証言を挙げて（156頁），生徒に考えさせている。

　ファシズムについて，授業で動画資料を使う場面も多いが，これらの中にはファシズム政権が製作したプロパガンダ映像がかなり含まれており，事実とは異なる認識をもたせることにつながるので，その取り扱いには十分な注意が必要である。

5 結論・考察

　本項の「現代との対話」で国際秩序への不満，社会不安，経済危機の中でファ

第Ⅱ部　国際秩序の変化や大衆化と私たち——歴史総合の分析(2)

シズムが伸張し，現在も似た状況の中で，民主主義がゆらいでいることを述べた。危機的な状況，特に経済危機の中で人々が民主主義よりも生活を保障する独裁を選んだことは，ファシズムの歴史が示す通りである。議会制民主主義が発達していたイギリスやフランスでもファシズム運動は起こったが，国政を動かす勢力にまで成長することはなかった。また，第二次世界大戦後，いわゆる西側の民主主義国家においてしばしば「右傾化」が言われることがあったが，今までのところ，極端な方向に行くことはなかった。成熟した民主主義国家の「レジリエンス」(復元力) が示されたからだと考える。しかし現在，民主主義国家でもポピュリズムや排外主義を掲げる極右政党が台頭して予断を許さない状況にある。ファシズムの歴史から，独裁の危険性や排外主義が行き着いた先 (ドイツの場合はホロコースト) を学び，似た状況にどのように向き合うかを考えることこそまさしく「歴史で学ぶ」なのである。

📖ブックガイド

山口定『ファシズム』岩波書店 (岩波現代文庫)，2006年 (初出1979年)。
* ファシズムを比較史の視点で捉え，思想・運動・体制の三側面から分析した書。ファシズム概念を理解する上で，現在も基本的な文献である。

高橋進『ムッソリーニ——帝国を夢みた政治家』山川出版社〈世界史リブレット人〉，2020年。
* 世界で最初にファシズム運動を創設したムッソリーニの生涯に焦点を当て，その行動・思想・政策を明らかにすることを通して，イタリア・ファシズムを描き出した書。

石田勇治『ヒトラーとナチ・ドイツ』講談社 (講談社現代新書)，2015年。
* ヒトラーやナチ体制についてのスタンダードな入門書。ナチ体制の成立，諸政策，ホロコースト，絶滅戦争について丁寧に叙述している。

山本秀行『ナチズムの記憶——日常生活からみた第三帝国』筑摩書房 (ちくま学芸文庫)，2024年 (初出1995年)。
* 労働者と農民の日常生活からナチ体制を描き出した書。ドイツの民衆がナチ体制を受け入れていった姿を明らかにしている。

小野寺拓也・田野大輔『検証 ナチスは「良いこと」もしたのか?』岩波書店 (岩波ブックレット)，2023年。
* 主にネット特にSNS等でしばしば見られる，「ナチスは『良いこと』もした」論が根拠として掲げる各論点を検証し，批判・反論した書。

15 日本における軍部の台頭——なぜ破滅の道を歩んだのか

キーワード： 孤立の道，満洲事変，満洲国，日中戦争，南京事件

新谷　卓

1 序論・概要

　本項では，「日本における軍部の台頭」をキーコンセプトに設定し，「孤立の道」「満洲事変」「満洲国」「日中戦争」「南京事件」といったキーワードを用いて，1920年代に列強間の協調を目指した日本が大きくその方向を転換させていく1930年代を中心に見ていく。論点の中心は，わずか10年たらずでなぜ日本が破滅の道を歩み始めたのかということにあり，そのために，なぜ日本はそのような選択をしたのか，どの地点で道を誤ったのか，誰にその責任があったのか，どのような制度が問題だったのかといった視点からアプローチすることにしたい。歴史に「if」はないというが，「もし，そのような選択をしなかったら，歴史はどう変わったのか」と生徒に問い，考えさせることも一つのアイデアかもしれない。

2 論点・課題

　具体的な論点・課題としてここでは4つ取り上げたい。
　第1に，当時日本は大陸への進出を侵略とは考えていなかったという点である。それを考えるには，(1)日本の為政者たちが，日露戦争の戦勝と21カ条の要求により満蒙（当時の満州〔現在の中国東北部〕および蒙古〔現在の内モンゴル自治区にあたる地域のみ〕を指す日本側の呼称）に日本の特殊権益があると見なしていたこと，(2)多くの日本人が，恐慌による閉塞的状況を軍が大陸において打開してくれるものと期待していたこと，(3)新聞などのメディアが，軍の大陸政

第Ⅱ部　国際秩序の変化や大衆化と私たち——歴史総合の分析(2)

策を後押しし，国民もそれに追従していた点などが挙げられよう。

　(1)に関しては，帝国『明解』において，「満蒙領有論」が「日本民族の血と汗の結晶！特殊権益 炳として存在する各条約 断じて侵害を許さず」「守れ満蒙＝帝国の生命線」という見出しの新聞記事と共に，本文の「満洲事変」の項目で触れられている (127頁)。

　(2)に関して注目したいのは，山川『現代』で取り上げられている「陸軍パンフレット」(1934年) である (124頁)。これは，国民に向けた軍の宣伝冊子だが，ここで「現下最大の問題」を農山漁村の匡救にあるとし，資本主義批判が展開されている。財閥と結びつき，私利を得ている政党人に対して失望していた国民は，国民に寄り添おうとする軍の姿勢に期待を寄せた。このパンフレットは社会大衆党など合法無産政党からも注目されていた (124頁)。

　(3)メディアおよび世論については，まずは新聞記事をそのまま使うのがよい。「連盟よさらば！」「我が代表堂々退場す」と打った国際連盟脱退時の『東京朝日新聞』の記事，「新聞社などの共同宣言」(山川『近代』141頁)，満洲事変への国民の支持については『東京日日新聞』(実教『詳述』158頁) などの記事によって当時の社会の雰囲気が窺える。世論については，山川『現代』で，「斎藤内閣は世論におされて，満洲国の承認に踏みきった (日満議定書)」とされ (124頁)，さらには，満洲の独立を認める新聞論調に国民も同調したために，幣原喜重郎外相が「事件不拡大の方針を維持できなくなった」(帝国『明解』128頁「歴史の選択肢」) とする記述もある。政府が軍部に抗することができなかったために，事変が拡大したというよりも，政府がメディアや世論にひっぱられたとする見方を提示している点は興味深い。

　大陸侵略を，軍の独走としてだけ扱うのではなく，国民自身の問題として扱う視点は重要である。後者については，占領政策の円滑な遂行のため国民を軍の犠牲者と見なしたGHQ史観ではなく，かつてドイツで問題となった「普通の人」の戦争責任の問題につなげたい。そのことが，この時代の歴史を，特別な人物や組織の特別な物語としてではなく，現代に生きる自分たちの問題として生徒に考えさせることを可能にする。

　第2の論点・課題として，日本の孤立とそれを脱却するための防共外交につ

15 日本における軍部の台頭——なぜ破滅の道を歩んだのか

いて取り上げたい。日本は，国際連盟総会の場で満洲国の不承認が決議されると，1933年に国際連盟の脱退を表明し（1935年発効），国際社会から孤立することになるが，そこから脱するために「防共」外交が推し進められ，1936年に日独防共協定，翌年に日独伊防共協定が結ばれた（山川『現代』125頁，山川『近代』142頁ほか）。またアジアでも，華北の親日派や，南京政府に抑圧されてきた中央アジアの諸民族に対して，「防共」を連帯できる共通の理念であると見なし，特務機関を中心とした工作が大陸で行われた。

　第3に，アジアの戦争と欧州の戦争は本来別個の戦争であったが，イデオロギー的な結びつきや同盟関係・対立関係の中で，最終的に第二次世界大戦と呼ばれるようになった点である。こうした流れのなか，東書『詳解』では，「日中戦争は，世界的な対立とどのようにかかわっていたのだろうか」（132頁）という視点から，ノモンハン事件を取り上げ，そのさなかにソ連が独ソ不可侵条約を締結したことについて触れている（133頁）。欧州の戦争とアジアの戦争は，日本の北部・南部仏印進駐などとも関連している。

　この項目の最後に，その死者数について多くの議論がなされてきた南京事件を，新しい「歴史総合」の教科書でどのように扱っているのか，細かいところに目を配ってその記述を比較してみよう。南京事件の事実認識については，外務省のホームページにおいて「政府としてどれが正しい数かを認定することは困難であると考えています」とされていることもあってか，死者数の表記の仕方や扱う場所などでだいぶ異なっている。山川『近代』においては，中国側の死者数については，欄外の註で日本では「数千人から20万人以上までいろいろな説があり，正確な死者数は不明であるが，中国政府は30万人としている」（144頁）と両国の説を併記する形になっているが，同頁に掲載されている資料「第九師団歩兵第七連隊の兵士の日記」においては，数字以外の様々なものをそこから読み取ることができる。また，中国側の死者数について，ここでは最小限に見積もった犠牲者数を「数千人」（同上）としているのに対して，実教『詳述』の「Close Up」では「数万人」とされている（160頁）。帝国『明解』の本文では，「南京では住民・捕虜多数を殺害し暴行・略奪を行った」（129-130頁）としているが，死者数に関しては註記で「調査や議論が続いている」とだけ記されてい

105

第Ⅱ部　国際秩序の変化や大衆化と私たち——歴史総合の分析(2)

る。山川『現代』の本文では簡潔に記述されているが (125頁)，よく読んでみると他に年表などを含めて全5ヵ所で「南京事件」という言葉が出てくる。ナチ・ドイツによるユダヤ人の虐殺の犠牲者が被害国，加害国に関係なく600万人と確定されているのに対して，南京事件については，日本では以上のように諸説を並べるという形を取っている。ここにおいては南京事件が引き起こされた原因を考えさせると同時に，歴史記述とは何かを生徒に問いたい。

3　現代との対話

　現在，ロシアのウクライナ侵略，台湾危機の可能性などから日本政府は，戦後の安全保障体制から一歩踏み出そうとしている。戦前の日本の蹉跌から，いま何を学ぶべきか，改めて問いを投げかけてみたい。たとえば，青天井の国債発行がもたらした結果，人権が認められない社会がもたらした結果，テロが横行する社会の結果，同盟関係の危険性，これらの問題は過去のことではない。

　現在，日本政府は，ウクライナの立場になって，防衛力強化を主張しており，ロシアと戦前の日本を比較するような論調はみられない。だが戦前の日本の中国侵略と現在のロシアによるウクライナ侵略には類似点がある。帝国陸軍は，満洲国を作らせたあと，1935年12月には，隣接する華北の2つの政権設立に関与した。まったくの傀儡政権である冀東防共自治政府と中央 (南京政府) から分離した冀察政務委員会である。それはまさしくロシアの圧力の下ウクライナに創設されたルガンスク人民共和国とドネツク人民共和国と重なってみえる。その後日本は，この2つに留まらず，華北五省全体を，そしてさらには中国全体を支配しようとして全面戦争となったが，プーチン大統領もウクライナ全体をロシアに統合，あるいは傀儡国家にしようとしているようにみえる。

　戦前，日本では「五族協和」(これに関する資料は，山川『現代』124頁，山川『近代』140頁)「東亜連盟」「大東亜共栄圏」といった言葉が軍人や知識人の間で飛び交っていたが，プーチン大統領もまたウクライナ侵攻の前に「ロシア人とウクライナ人の歴史的一体性」という論文を書いて，両民族が同じルーツを持つ民族と見なしていた。これらの言葉はいずれも侵略を正当化するために使われ

15　日本における軍部の台頭——なぜ破滅の道を歩んだのか

た。また「欧米支配からの解放」という戦争目的もまた，侵略を正当化するための共通のロジックになっている。ウクライナ戦争でよく聞かれるようになったロシアの「偽旗作戦」（偽の情報を流し，戦争を誘発する作戦）だが，振り返ってみればまさに張作霖爆殺事件や満洲事変は「偽旗作戦」以外の何ものでもない。

4　資料分析

　歴史的な写真については，慎重に扱わなければならないものもあるが，日本軍の南京入城式（山川『近代』144頁），朝鮮神宮（同145頁）など中国・朝鮮半島で撮られた当時の写真で，生徒に問うことも可能である。たとえば後者については，なぜ朝鮮に神社の鳥居があるのか，それはどのようなことを目的として建てられたのかを考えさせたい。東書『詳解』の「宋家三姉妹」は，蔣介石がアメリカの支援を得るために尽力した蔣介石の妻宋美齢をはじめ，三姉妹および宋子文の数奇な運命が歴史への関心を高めてくれるエピソードである（133頁）。

　東書『詳解』（140-141頁）の「歴史のまなざし」で見開き2頁にわたって紹介している「大日本帝国内の人の移動」も他の教科書にはない視点である。特に朝鮮人が渡日した理由についての記述は，現在，在日韓国・朝鮮人が抱える問題を歴史から生徒に考えさせることができるものであろう。帝国『明解』では，「満洲事変に対する石橋湛山の意見」（128頁），天皇機関説批判に反論する美濃部達吉（129頁），「反軍演説」を行った斎藤隆夫議員の国会除名（130頁）についてなど，この時代の大きな流れに体制内において抗った知識人たちを積極的に取り上げており，どのような時代でも体制とは異なる意見を主張することの難しさと重要性について生徒に問いたい。

5　結論・考察

　現代において安全保障の問題がクローズアップされるなか，戦前の日本の戦争について学び直すことは重要であり，この項目には時間を割きたいところである。冒頭で触れたように，わずか10年たらずで日本は破滅への道を歩み始め

第Ⅱ部　国際秩序の変化や大衆化と私たち——歴史総合の分析(2)

た。このことはぜひ強調しておきたい。特に現在，世界中で軍事的緊張が高まるなか，他人事のようにウクライナやガザを語るのではなく，「3　現代との対話」で触れたように，かつて日本は今のロシアと近い立場にあったことも問題提起したいところである。これは「歴史総合」という新しい科目ならではできるものではなかろうか。

📖ブックガイド

加藤陽子『それでも，日本人は「戦争」を選んだ』新潮社（新潮文庫），2016年。
　＊中高生との質疑応答という形で過去の日本の戦争を考える。
伊香俊哉『満洲事変から日中全面戦争へ（戦争の日本史22）』吉川弘文館，2007年。
　＊当時の日本の蛮行や不法行為を国際法の立場から論じ，日本の戦争責任を考えさせる。
笠原十九司『日中戦争全史（上・下）』高文研，2017年。
　＊タイトル通り日中戦争を，1915年から1945年までの長い範囲で扱っている。
波多野澄雄・戸部良一・松本崇・庄司潤一郎・川島真『決定版　日中戦争』新潮社（新潮新書），2018年。
　＊日中歴史共同研究を踏まえての著名な研究者たちの最新の中国研究。

16 第二次世界大戦——国際秩序の崩壊と総力戦下の社会変容

キーワード：大衆化と総力戦，複合的な性格，戦場の広域化，戦争の惨禍，戦争の記憶

佐久間俊明・尾崎綱賀

1 序論・概要

本項は「第二次世界大戦」に関して，世界史と日本史の統合を目指す歴史総合の特色を踏まえながら教科書を分析する。

『学習指導要領解説』には本項の主題について，次のように記載されている。「**第二次世界大戦の展開**については，植民地などを含む世界的規模での総力戦として第二次世界大戦を捉えるとともに，この戦争が，資本主義国家と社会主義国家，帝国主義諸国と植民地の関係など，様々な関係を内包した複合的な性格をもつに至ったことや，戦場の広域化と一般市民の甚大な犠牲及び損害などについて扱う」（文部科学省『高等学校学習指導要領（平成30年告示）解説 地理歴史編』東洋館出版社，2019年，165頁，強調は原文による）。キーワードは，上記解説と教科書を踏まえて設定した。とりわけ，第一次世界大戦に比べて大衆化が進展した時期における総力戦の特徴，第二次世界大戦の複合的な性格，一般市民にも甚大な犠牲と損害をもたらした戦場の広域化，さらに，戦争の記憶に着目して議論を進めていきたい。

なお，日中戦争に関しては「15 日本における軍部の台頭」，大西洋憲章に始まる連合国の戦後構想および戦後の国際秩序に関しては「17 戦後構想」で検討しており，併せて参照されたい。

2 論点・課題

「第二次世界大戦の展開」に関しては，各教科書とも本文で詳述している。たとえば東書『詳解』は，第二次大戦を「ヨーロッパの戦争とアジア太平洋地域の戦争が結びついだものだった」と位置づけ，「この結びつきは避けられなかったのだろうか」という問いを提起している（134頁）。1939年9月1日のドイツによるポーランド侵攻をきっかけに始まった戦争が，後に「第二次世界大戦」と呼ばれるようになる戦争拡大の過程を考えることは重要だろう。また，山川『近代』は，グラフ「日米の主要物資の生産高比率」を示し，「日米の国力差は，日本側も認識していた。それにもかかわらず開戦したのはなぜだろうか」という刺激的な問いを投げかけている（148頁）。

「戦場の広域化と一般市民の甚大な犠牲及び損害」についても詳しく説明されている。たとえば山川『現代』は，地図「第二次世界大戦中の枢軸国・連合国両陣営の形成」を収録し，第一次大戦と第二次大戦の相違点を考えさせ，第二次大戦における戦場の広域化を読み取らせている（126頁）。また，「一般市民の甚大な犠牲及び損害」については，第二次大戦の犠牲者数をまとめた表が掲載されている（東書『詳解』138頁，帝国『明解』136頁，実教『詳述』163頁）。実教『詳述』の表には，第二次大戦の主要国における戦費や兵力，死傷者数と第一次大戦の死傷者数が整理されており，「総戦死者に占める民間死者の割合」の相違と，第一次大戦と比較した第二次大戦の性格を考察させている（同前）。さらに，「一般市民への爆撃」（帝国『明解』134頁），「沖縄戦」（帝国『明解』134頁，実教『詳述』171頁）についても丁寧に説明している。実教『詳述』は「STEP UP」で沖縄戦を取り上げており，「沖縄の人々と本土の人々にとって，沖縄戦のもつ意味にどのようなちがいがあるだろうか」という重い問いを提出している。

しかしながら，「第二次世界大戦の複合的な性格」に関しては，前述した資料のように第一次大戦との比較で分析させる資料は教科書にあるものの，「帝国主義国と植民地の関係」（日本の植民地支配，「大東亜共栄圏」など）を除くと本文の中で十分に議論されていない。第二次大戦の展開過程をコンパクトにまと

め，その複合的な性格が鮮明に生徒に伝わるような内容にするべきだろう。

これまでの世界史／日本史の教科書に比べて，歴史総合では総力戦下の社会とその変容についての記述が充実している。しかしながら，「大衆化」という概念を投影した分析は十分になされていない。第一次大戦との比較という観点から言えば，マスメディアの影響力が格段に増大した点が重要である。この点に教科書がまったく触れていないわけではなく，たとえば，山川『近代』にはグラフ「映画館数と観覧者数」（144頁）があり，「なぜ，戦争中に映画館数が増えて，観覧者数も増えているのだろうか」という問いが立てられている。上演前のニュース映画の放映，ハリウッド映画の人気が日米開戦前まで高まっていたことなどを先行研究から指摘できるが，教科書本文とは有機的に結び付いていないため，教師が解説しない限り，生徒には伝わらないだろう。さらに「ラジオ」にも着目したい。日本では満洲事変の報道でラジオ人気がさらに高まり，1932年には聴取聴衆者数が100万人を突破する。アジア太平洋戦争では，開戦も終結もラジオで人々に伝えられた。本土空襲が激しくなるにつれて，空襲警報を伝えるラジオは生死を左右するメディアになっていく。つまり，ラジオは総力戦と密接に結び付いたメディアだったのだ。

3　現代との対話

総力戦を遂行するためには，国民の同意・協力を調達する必要がある。実教『詳述』の「ACTIVE　戦争をささえる社会」には，「翼賛横丁の新春」（『アサヒグラフ』1941年1月1日号）が引用されている（162頁）。この漫画から読みとれる「戦時下の社会の性格」を考えるのが課題である。ただし，この漫画は「戦時下のあるべき地域社会の姿」を描いていることに留意する必要がある。

「翼賛横丁の新春」を見ると，国債購入や国防献金，贈答品の廃止，代用食，慰問品の作成など人々が戦争に協力している様子がうかがえる。また，翼賛横丁の様子がマスメディアを通じて紹介されていることは，バスから顔を出して「こゝが有名な翼賛横丁か」と語っている人がいることからわかる。このバスは木炭バスでエンストを起こしているが，一方で米の配給が沢山で倉庫に入り

第Ⅱ部　国際秩序の変化や大衆化と私たち——歴史総合の分析(2)

きれない光景も描かれており，生活必需品は豊富に供給されているようだ。

　新春のおめでたい雰囲気のなか，地域社会一丸で戦争に協力する翼賛横丁。一見すると微笑ましい光景だが，同調圧力の強い社会とも言える。戦争に限らず，感染症の流行や災害の発生などの危機が生じた際に大衆社会において同調圧力が強まることは現在でもあり，「現代との対話」になるテーマである。

　ホロコーストについてはすべての教科書が取り上げているが，「戦争の記憶」という論点も含めて東書『詳解』が一番深く検討している。「歴史のまなざし　ホロコーストと戦後ドイツ社会における『記憶』」(144頁) は，戦後ドイツの国家と社会がホロコーストの歴史にどのように向き合おうとしたのか丁寧に説明している。とりわけ重要なのは，1960年代に入ってからようやくホロコーストへの人々の関心が高まり，1968年前後に学生運動が高揚する中でナチズムの過去を問う声が強まったという指摘である。また，アメリカで制作されたテレビドラマ「ホロコースト」が1979年に西ドイツで放映されて，多くの人が具体的にその歴史を知るようになったという。日本の過去との向き合い方を考える上でも「戦後，ドイツの国家と社会はどのようにホロコーストの歴史に向き合ったのか」という問いを考察させたい。さらに東書『詳解』には，「歴史のまなざし　日本とドイツの戦後」(145頁) が掲載されており，日本とドイツの「違い」を学ぶことができる。

4　資料分析

　帝国『明解』は「歴史に迫る！」と題した特集で，「チェンバレンの政策をどう評価するか」という論点を取り上げている (139-140頁)。

　この特集では，後に「宥和政策」と呼ばれる，イギリスの首相チェンバレンが行った政策を多角的に考察できるように，5つの手順を踏んで分析する構成になっている。検証Aではチェンバレンの政策に関する歴史家たちの5つの評価が提示される。ここで生徒は肯定的な評価から否定的な評価まで知ることができる。次の検証Bでは，「イギリス・ドイツの戦力比較」を考察する資料として3つのグラフが提示される。「①陸軍兵力」・「②軍用飛行機の生産数」・

「③主力艦の数」を比較したグラフを基に,「第二次世界大戦前の時点で, イギリスとドイツの戦力差の差はどれくらいあったのだろうか」という問いが提起される。続く検証Cでは「イギリス国内の状況」を考察するために,「④ミュンヘン会談の風刺画」と「⑤チェンバレンの考え」「⑥チャーチルの考え」が提示される。生徒は風刺画の読み解きやチェンバレンとチャーチルの意見の相違の分析を求められている。検証Dでは「ドイツの動きとチェコスロヴァキアの立場」を考察するために,「⑦ドイツの動き(年表)」「⑧ヒトラーの戦争計画」「⑨小国の立場」が提示される。

　以上9点の資料を分析した上で, 生徒は「最終課題」に取り組む。すなわち,「質問1　あなたがチェンバレンの政策を『評価できる』と考える際の根拠となる資料はどれか」,「質問2　あなたがチェンバレンの政策を『評価できない』と考える際の根拠となる資料はどれか」,「質問3　あなたはこのチェンバレンの政策をどのように評価するか。チェンバレンの評価できる点と評価できない点, それぞれの理由にも触れて, 説明してみよう」の3つである。

　この特集で秀逸なのは, 否定的なニュアンスのある「宥和政策」ではなく,「チェンバレンの政策」という中立的な表現を用いることで, 彼の政策を複数の資料を踏まえて多角的に考察させようとしている点である。2022年2月に始まったロシアによるウクライナ侵攻の際に「宥和政策」は注目されたが, この特集は, 資料分析だけでなく現代の諸課題を考察する方法も提示している。

5　結論・考察

　第二次世界大戦に関しては各教科書も力を入れて叙述しており, かつ近年の研究も踏まえた論点も多岐にわたる。論点のすべてを授業で取り上げることは難しいが, 第二次大戦の展開に終始するのではなく, 戦争の複合的な性格や戦後世界に与えた影響を生徒が考察できるように授業を構成したい。

　今後, 歴史総合を深化させていくためには, 教科書の「過積載」につながる網羅主義から脱却し,「大衆化」という視角から第二次大戦を問題史的に把握する教科書叙述を目指すべきだろう。

第Ⅱ部　国際秩序の変化や大衆化と私たち——歴史総合の分析(2)

📖ブックガイド

油井大三郎・古田元夫『第二次世界大戦から米ソ対立へ (世界の歴史28)』中央公論新
　社 (中公文庫)，2010年 (初出1998年)。
　＊第二次世界大戦と戦後の時代を分けて描くのではなく，第二次世界大戦からベト
　　ナム戦争までをひとつながりの現代史として叙述する点に特色がある。
吉田裕『アジア・太平洋戦争 (シリーズ日本近現代史6)』岩波書店 (岩波新書)，2007
　年。
　＊アジア太平洋戦争についての最初の一冊といえる入門書。併せて吉田裕『日本軍
　　兵士——アジア・太平洋戦争の現実』(中公新書，2017年) も読むと，戦場の実像
　　への理解も深まるだろう。
大木毅『独ソ戦——絶滅戦争の惨禍』岩波書店 (岩波新書)，2019年。
　＊ヒトラーが語った「絶滅戦争」という観点から独ソ戦を描いた話題作。
小野寺拓也『野戦郵便から読み解く「ふつうのドイツ兵」——第二次世界大戦末期にお
　けるイデオロギーと「主体性」』山川出版社，2022年 (初出2012年)。
　＊敗色濃厚な大戦末期にあって，なぜドイツ兵たちは戦い続けたのか。兵士の手紙
　　5477通からその心性に迫る，エゴ・ドキュメントの歴史学である。歴史総合を意
　　識し，章ごとに「本章全体の問い」「内容確認のための問い」を設けている点に特
　　色がある。
大串潤児『「銃後」の民衆経験——地域における翼賛運動 (シリーズ戦争の経験を問
　う)』岩波書店，2016年。
　＊アジア太平洋戦争は，「銃後」の社会や人々の暮らしをどのように変えたのか。総
　　力戦下の日本社会を考える上で参考になる。

17 戦後構想——国際連合と国際経済体制

キーワード：大西洋憲章，国際連合，ブレトン・ウッズ体制，国際軍事裁判，日本国憲法

佐久間俊明

1 序論・概要

　第一次世界大戦後に形成されたヴェルサイユ＝ワシントン体制は，結果として第二次世界大戦を防ぐことができなかった。その深刻な反省から第二次世界大戦後に新たな国際秩序が成立した。歴史総合を学ぶ「私たち」は，動揺しているとはいえ，第二次世界大戦後の国際秩序の中で暮らしている。

　本項の主題は，副題をみれば分かるように，公民科の「公共」・「政治経済」で学習する国際政治・国際経済と密接に関連している。地理歴史科と公民科の「総合」も意識しつつ，本項では，新たな国際秩序がどのような歴史的背景・経緯の中で成立したか，歴史的アプローチを重視して教科書を分析することにしたい。

2 論点・課題

　本項の主題に関する最も重要な〈問い〉は，「戦後の国際秩序はどのように形成されたのだろうか」（東書『詳解』136頁）であろう。この〈問い〉を，国際連合と国際経済体制の2つの視点から検討する。

　国際連合に関しては，まず「第二次世界大戦中，どのような国々を中心に国際連合の設立は考案されたのだろうか」（山川『現代』136頁），その歴史的経緯を辿る。すべての教科書は，1941年8月の大西洋上会談で発表された大西洋憲章を紹介し，それが国際連合憲章につながったことを指摘している。その後の連

第Ⅱ部　国際秩序の変化や大衆化と私たち──歴史総合の分析(2)

合国による戦後処理会談，すなわち，カイロ会談，テヘラン会談，ヤルタ会談，ポツダム会談は，戦局とも密接に関連しており，「第二次世界大戦の終結」の中で扱った方が生徒には分かりやすいだろう。

　1944年にワシントン郊外で開催されたダンバートン・オークス会議では，米・英・中・ソの代表の合意により，国際連合憲章の原案が作成された。翌1945年2月のヤルタ会談では，米・英・ソが国際連合設置と米・英・ソ・中・仏が拒否権を有することで合意した。4〜6月に開催されたサンフランシスコ会議では国際連合憲章が採択され，終戦後の10月に国際連合は原加盟国51か国で発足した。国際連合が第二次世界大戦中から構想され，設立されたことをまずは確認しておきたい。

　次に考察すべき〈問い〉は，「国際連合はどのような点で国際連盟と異なっていたのだろうか」である。国際連盟との比較から国際連合の特徴を考えさせる〈問い〉であり，表現に違いはあるもののすべての教科書が取り上げている。ここでは，山川『現代』などのように「国際連盟と国際連合の対比」が分かる図表を生徒に提示し，「武力制裁を容認したことや，全会一致制を採用しなかったこと，……一定の軍事力をもつ国に拒否権という特別の権利を与えたこと」が，「国際連盟が機能しなかった経験から学んだ結果」だったことを読み取らせたい（137頁）。

　さらに山川『現代』は『トルーマン回顧録』を引用し，「第一次世界大戦後のアメリカと第二次世界大戦後のアメリカとでは，姿勢にどのような違いがあるのだろうか」という〈問い〉を提起している（139頁）。引用史料から〈問い〉に直接答えることは難しいが，これまでの学習から第一次大戦後よりも第二次大戦後のアメリカの方が新しい国際秩序の形成・安定に主導権を発揮したことを指摘することは可能だろう。

　第二次世界大戦後の国際経済体制に関して，まず検討すべき〈問い〉は，「第二次世界大戦後の国際経済秩序には，どのような特徴があるのだろうか」である（山川『現代』136頁）。すなわち，1944年に開催されたブレトン・ウッズ会議で国際通貨基金（IMF）と国際復興開発銀行（世界銀行，IBRD）が設立された。これによって，アメリカの通貨ドルと金との交換率を固定した金ドル本位制が

116

導入され，ドルと他の通貨との交換比率（為替相場）が固定された。金との交換を保障されたドルが国際通貨の中心（基軸通貨）となったのである。さらにブレトン・ウッズ体制の一環として，1948年に「関税と貿易に関する一般協定」（GATT）が発足し，自由貿易主義の理念に立脚した通商秩序が成立した。アメリカは，自由貿易を維持する方向で指導力を発揮することになったのである（山川『現代』138頁，山川『近代』152-153頁，実教『詳述』174頁）。

次に歴史総合で考えたい〈問い〉は，「自由貿易体制がなぜ戦争の防止につながるのか」である（実教『詳述』174頁）。ここでは世界恐慌への各国の対応策を振り返り，1930年代のブロック経済が国際対立を激化させ，第二次世界大戦の遠因になったことを生徒に理解させたい。

3　現代との対話

いずれの教科書も国際軍事裁判，すなわち，ニュルンベルク裁判と極東国際軍事裁判（東京裁判）を取り上げている。第二次世界大戦の反省から実施された国際軍事裁判も「戦後構想」に含めることができる。歴史総合では，ニュルンベルク裁判と東京裁判を「戦争責任」の追及という観点から統一的に扱える点に特色がある。

帝国『明解』と実教『詳述』は，それぞれ「連合国による戦後処理」「非軍事化と戦争責任の追及」という小見出しの中で2つの裁判を取り上げている（帝国『明解』143頁，実教『詳述』177頁）。実教『詳述』は，ニュルンベルク裁判で「通例の戦争犯罪（B級）」に加え，「平和に対する罪（A級）」や「人道に対する罪（C級）」が裁かれたことを説明する。新たにA級・C級の罪が設けられた点に，国際軍事裁判の意義がある。

東京裁判に関しては，ドイツのニュルンベルク裁判に比べ，戦争責任や過去の清算が不十分だったと評価され（帝国『明解』143頁，東書『詳解』145頁），昭和天皇の不起訴や，731部隊や植民地支配の責任が追及されなかったという問題点が指摘されている（実教『詳述』177頁）。

国際軍事裁判に関しては「勝者の裁き」など現在に至るまで様々な議論が積

第Ⅱ部　国際秩序の変化や大衆化と私たち——歴史総合の分析(2)

み重ねられてきている。筆者は2024年8月にニュルンベルク裁判記念館を訪れ，その展示を見る機会を得た。ニュルンベルク裁判は国連が設置した旧ユーゴスラヴィア国際軍事裁判所，旧ルワンダ国際軍事裁判所，国際刑事裁判所設立の「起点」と位置づけられている。個人による戦争犯罪や人道に対する犯罪などを裁くことが可能になったのは，様々な問題があるとはいえ，ニュルンベルク裁判・東京裁判の経験によるのである。

　教科書では深められてはいないが，歴史総合で重視されている「現代的な諸課題の形成」という観点から国際軍事裁判は，今後重視されていくのではないだろうか。

　日本国憲法は，前文に「再び戦争の惨禍が起こることのないやうにすることを決意し」とあるように，第二次世界大戦の反省から創られた「戦後構想」の一つと捉えることができる。歴史総合の観点から，20世紀史における日本国憲法の位置づけを考察してみたい。たとえば，東書『詳解』は「戦争違法化と日本国憲法」という短いコラムの中で，戦争を違法とする国際的枠組みが国際連盟規約に始まったこと，不戦条約が戦争放棄をうたう日本国憲法第9条の根拠となったことを指摘している（143頁）。また，実教『詳述』は「現代的な問題から歴史を考える」という趣旨から，「歴史と現在」と題したコラムで「日本国憲法と20世紀の法思想」を取り上げている。「ヴァイマル憲法と不戦条約の条文と日本国憲法の条文を比較してみよう」という〈問い〉が掲載されている。日本国憲法第9条1項の表現が不戦条約（1928年）の第1条に由来すること，第25条1項の生存権の規定は，ヴァイマル（ワイマール）憲法に起源をもつ社会権の理念を参考していたことを述べた上で，「日本国憲法は，20世紀前半にすすんだ普遍的な法思想の発展を集約したものだった」と位置づけている。一方で，基本的人権を享受できる範囲は「国民」にとどまったことを指摘し，当時の日本社会における人権感覚の「限界」を明らかにしている（179頁，東書『詳解』155頁にもワイマール憲法の理念，すなわち，社会権が日本国憲法に与えた影響についての記述がある）。日本国憲法の歴史的意義を確認しつつ，現代の視点から問題点を生徒に考察させてもよいだろう。

4　資料分析

　本項については，多くの資料が教科書に掲載されており，有益である。文字資料では，「大西洋憲章」「ダンバートン・オークス会議での提案」「国際連合憲章」「国際復興開発銀行協定」「国際通貨基金協定」などが掲載されている。東書『詳解』は，「国際連合憲章」に関して，「国際連合憲章では，なぜ人権が重視されたのだろうか」という〈問い〉を提起している（136頁）。人権が軽視され，膨大な犠牲者を生んだ第二次世界大戦の反省から成立した国連の初心を想起させる〈問い〉である。

　このほかに興味深い資料として，山川『現代』は1943年（戦時中）と1947年（戦後）のポスターを掲載し，「『UNITED NATIONS』は，第二次世界大戦中と大戦後ではどのように性格が変わったのだろうか」と問うている（136頁）。「連合国から国際連合へ」という歴史の転換を鮮やかに示している。また，風刺画「素晴らしいチームだが…団結は？」（1945年）は，国連安保理の常任理事国が擬人化して描かれているが，子どもとして描かれている中華民国以外の4ヵ国がそれぞれ別のスポーツに取り組んでいる。「この風刺画は国際連合の行く末をどのようにとらえているのだろうか」という〈問い〉が提起されている（137頁）。この風刺画で示された先行き不安は，『PUNCH』の風刺画（1948年）で現実化することになる。この風刺画は国際連合がラクダとして描かれ，その背にはパレスチナ・ベルリン・朝鮮などの課題が多く積まれ，ギリシア・バルカンも乗せられようとしているが，拒否権と書かれたソ連によりラクダは地面につながれて立ち上がれないのである（139頁）。国際連合が早くも拒否権により機能不全を起こしている様子を西側の視点から描いている。

5　結論・考察

　本項の主題は，「国際平和への動き」という大きな歴史的文脈に位置づけることができる（実教『詳述』184頁）。たしかに国際連盟や不戦条約などは，第二

第Ⅱ部　国際秩序の変化や大衆化と私たち——歴史総合の分析(2)

次世界大戦を防ぐことはできなかった。しかし，これらの歴史的経験の上に，第二次世界大戦後の新たな国際秩序は形成されたのである。

　本項で取り上げた論点は，いずれも「戦争の惨禍を防ぐ試み」である。この試みをどのように継承し，深化させていくか。これは歴史総合を学ぶ「私たち」に突きつけられた課題といえよう。

📖ブックガイド

岡本隆司・飯田洋介・後藤春美編『いまを知る，現代を考える山川歴史講座　国際平和を歴史的に考える』山川出版社，2022年。
　＊歴史総合を念頭においた講座であり，国際平和を歴史学の観点から分析している。本項の主題に関わる論考に後藤春美「二十世紀における国際体制の展開と平和」があり，参考文献も充実している。
石見徹『国際経済体制の再建から多極化へ（世界史リブレット55）』山川出版社，1996年。
　＊「覇権国」＝アメリカの盛衰という視点から，第二次世界大戦後の国際経済体制を描く。
アンネッテ・ヴァインケ（板橋拓己訳）『ニュルンベルク裁判——ナチ・ドイツはどのように裁かれたのか』中央公論新社（中公新書），2015年。
　＊ニュルンベルク裁判は，「平和に対する罪」「人道に対する罪」など新しい罪を規定し，東京裁判にも多大な影響を与えた。本書は，「継続裁判」も含めたニュルンベルク裁判の全体像を描いた入門書である。
宇田川幸大『考証 東京裁判——戦争と戦後を読み解く（歴史文化ライブラリー）』吉川弘文館，2018年。
　＊膨大な被害を生んだ日本の戦争を，東京裁判はどのように裁いたのか。東京裁判では何が看過され不可視化されたのか。東京裁判をめぐる一連のプロセスから具体的に描く。
古関彰一『日本国憲法の誕生［増補改訂版］』岩波書店（岩波現代文庫），2017年（初出1997年）。
　＊日本国憲法の制定過程を明らかにした古典的名著。

18 冷戦の開始——米ソ対立の開始と日本の再軍備

キーワード：冷戦の始まり，中華人民共和国成立と朝鮮戦争，占領政策の転換，サンフランシスコ平和条約，日米安全保障条約

寺 田 佳 孝

1 序論・概要

はじめに本項目に対応する学習指導要領の記述に目を向けると，「平和条約と日本の独立の回復」という主題において，「冷戦の開始とドイツ」「朝鮮半島および中国における国家成立」「朝鮮戦争と日本占領政策の転換」「平和条約と日本の独立回復」，そして「アメリカによる日本の外交・安全保障政策への期待」が，学習のポイントとして列挙されている（『高等学校学習指導要領（平成30年告示）解説　地理歴史編』2018年，166頁）。以上５つのポイントは，３つの軸——⑴「冷戦の開始」，⑵「中国と朝鮮半島を中心としたアジア情勢」，⑶「日本の独立回復と再軍備」——に要約することができる。このうち⑴と⑶については，いずれの教科書でもかなりの頁が割かれており，教科書執筆者がこれらのテーマの学習を重視していることが読みとれる。そこで以下本章では，この２点に着目しつつ，教科書の特徴を見ていくことにしたい。

2 論点・課題

「歴史総合」では，単に歴史事象や概念の知識を暗記するだけでなく，生徒が歴史に対する思考力，判断力，表現力等を身に付けることを目指している。こうした点を意識し，各教科書には先の３つの軸に関し，関連する論点・問いが設定されている。本項では⑴「冷戦の開始」に目を向けてみよう。

すべての教科書に共通する問いは，「冷戦がどのように始まり，展開して

第Ⅱ部　国際秩序の変化や大衆化と私たち——歴史総合の分析(2)

いったのか」というものである。もっとも，冷戦開始の背景については，教科書によって強調点に違いがある。山川『現代』は，本テーマについて最も多くの関連質問と資料を掲載している。そこでは「第二次世界大戦中と大戦後で，アメリカ合衆国とソ連の関係は，どのように変化したのだろうか」という問いの下で，米ソの覇権争いと世界の二極化が始まったことを考察させている。その際，米ソ両国の世界観を理解する手がかりとして，スターリンのユーゴスラヴィア共産党員に対する有名な発言「だれでも領土を占領する者は，自国の社会制度をおしつける」と，トルーマン・ドクトリン（「自由な生活様式」と「恐怖と圧制，自由の抑圧」の対比）が紹介されている（山川『現代』144-145頁）。山川『近代』は，「アメリカは，なぜ共産主義に対抗したのだろうか」という問いに対し，本文の中で，東ヨーロッパ諸国の共産主義政党が労働者政党を吸収合併していったこと，アメリカがソ連勢力の「封じ込め」政策（トルーマン・ドクトリン）を宣言してギリシアに介入し，その共産化を防いだこと，マーシャル・プラン受け入れを決めたチェコスロヴァキアにソ連が介入し，大統領を辞任に追い込んだことなどが説明されている（山川『近代』153頁）。以上，山川の2冊は，明記されていないものの冷戦の起源をおもに「ソ連の膨張主義的傾向」から理解させようとしているように見える。

　これに対し，実教『詳述』は，1946年以前のソ連と東ヨーロッパ諸国の動向に一切触れず，いきなり1947年のトルーマン・ドクトリンとマーシャル・プランに触れ，「共産主義に対する『封じ込め政策』をとりはじめたアメリカの動きに対抗して，ソ連は9月，各国共産党の間の連絡・調整機関としてコミンフォルムを設立した」（実教『詳述』180頁）と説明する。こちらは逆に，冷戦の起源として「アメリカの非妥協的な態度」に焦点が当てられている。

　以上の2パターンの説明に対し，帝国『明解』は，「ソ連は，戦争で荒れた国土と経済の復興を課題とし，資源や労働力の確保と，自国の安全保障のため，ポーランドなどの中欧や東欧に共産党による政権を樹立させた」「アメリカは，ヨーロッパ諸国の経済再建とその安定化は，ソ連の膨張に対する壁になると考えたのである」（帝国『明解』145頁）と説明し，簡潔ながらバランスの取れた叙述となっている。

18 冷戦の開始——米ソ対立の開始と日本の再軍備

　このように，冷戦開始の要因をめぐっては，教科書によって論点や強調点が異なる。これは冷戦起源をめぐって複数の説が対立しており，1つには断定できない事情によるのだろう（松岡・広瀬・竹中 2003: v‑vi頁）。したがって，どの教科書を用いるにせよ，冷戦に関する著作などを手がかりに冷戦起源や初期の展開を多様な観点から生徒に提示することが重要となろう。

3　現代との対話

　「歴史総合」が学習全般において課題（問い）を重視していることは先に触れたが，そこには「現代とのつながりにかかわる問い」も含まれる（『高等学校学習指導要領（平成30年告示）解説　地理歴史編』2018年，133頁）。歴史事象を「歴史」として片付けるのでなく，現代から見た社会的・政治的意味を生徒に意識させ，自分なりの意見を持たせようとするアプローチは，歴史教育もまた政治学習（主権者教育）の一環であることを意識したものと言えるだろう。

　そのような例として，本項では(3)「日本の独立回復と再軍備」の構造を検討してみたい。吉田茂首相と自由党などの保守派が西側諸国との講和（単独講和）および日米安全保障条約を支持したのに対し，左派社会党や共産党，教員組合，そして平和問題談話会などの革新派は，ソ連を含むすべての国との講和（全面講和）およびその後の永世中立を提唱した。これらの構造について，各教科書に目を向けてみよう。

　まず帝国『明解』は，全面講和と多数講和（単独講和）の意見対立を重点的に取り上げている（帝国『明解』150頁）。資料として「平和問題談話会の声明」と吉田首相の発言を掲載し，問①「全面講和派の人々は，多数講和をすることによって，何が起こると思ったのか考えよう」が立てられている。資料を手がかりに考えると，「日米安全保障条約によって独立後の日本に米軍基地が残ることが憲法第9条に違反する」というのが予想される生徒の回答となる。さらに問②「多数講和派の人々が，全面講和を主張しなかった理由を，これまでの3部4章の学習を踏まえて考えよう」については，「米ソ対立の激化と占領期を通じての米軍の日本関与の結果，日本は西側諸国に加わらざるを得ない」とい

123

第Ⅱ部　国際秩序の変化や大衆化と私たち——歴史総合の分析(2)

う回答が予想される。山川『現代』は，日米安全保障条約第1条を掲載し，「論争を招いたのはどのような点だろうか」という問いを設定している（山川『現代』150頁）。同1条では，アメリカは日本独立後もその国内にアメリカ軍を駐留させ，「極東の平和と安全」のために使用できることが明記されている。これらの点が左右社会党や共産党の反対を招き，米軍駐留は日本本土，沖縄におけるアメリカ軍基地問題を引き起こすことになる。

　その他の教科書でも，講和や再軍備をめぐる路線対立については，記述量に差はあれども言及はされている。他方，すべての教科書に言えることとして，保守革新を問わず，主要な政治アクターのもつ国際政治への理解がはっきり提示されていないという課題がある。すなわち「かれらが日米安保（あるいは非武装中立）を支持した背景として，当時の国際政治情勢をどう評価していたのか，軍事力の必要・危険をどのように捉えていたのか」がはっきりしない。そこで専門書を用いてこれらの観点を補足してみよう。たとえば政治学者の大嶽秀夫は，当時の多くの保守派の政治家が，実は「防衛上の対外危機意識をほぼ持ち合わせていなかった」ことを指摘する。この点は吉田首相も同様で，再軍備も自ら主導したというよりむしろアメリカに押し切られたとされる。そして社会党左派や平和運動を主導した諸勢力も，憲法第9条の掲げる「非武装中立」を守ることは，何よりも戦後確立された「自由と民主主義体制を守ること」として国内政治的に理解されたという（大嶽 2005: 265-273頁）。

　このように見てくると，講和・再軍備の問題をめぐる各アクターの意識は，左右を問わずもっぱら国内の体制選択や価値をめぐる問題へと向かっていたことが浮かび上がってくる。保守派が再軍備を「国家の独立」という観点から正当化したのに対し，革新派は政府の路線を「戦前の軍国主義・天皇制復活を意図した企み」として徹底抗戦する図式である。本テーマは，外交・安全保障政策というテーマがいかに容易に「文化政治」をめぐる国内イデオロギー対立に陥るものであるか，またこうした議論状況は，今日の「憲法改正」をめぐる議論にも現れているのではないかといった点を考える材料となろう。

4 資料分析

　教科書に掲載されている資料は，(1)文書，(2)図表，(3)写真，(4)ポスター，(5)風刺画（カリカチュア）である。ただし教科書によってその掲載数や種類にはかなりの差がある。

　まず，山川『現代』は，教科書の各頁の半分ほどを資料掲載に充てるなど，生徒が資料と問いを中心に歴史を学習することを強く意識した構造となっている。たとえば(1)「冷戦の開始」に関し，2つのカリカチュア（「ライバルのバス」と「信じるか，鞭打たれるか」。どちらもイギリスの『PUNCH』より）を掲載している（山川『現代』145頁）。前者は米ソがそれぞれのホテルへ向かうバスへと客を勧誘している図であり，後者は教師が「戦争屋のトルーマンが無防備な北朝鮮の人々に攻撃を仕掛けている」という黒板の内容を，子どもたち（ポーランドや東ドイツなど）に教え込んでいる図である。どちらの課題も描かれた人物の様子を分析する問いが課されているが，強引に客をバスに押し込めたり鞭をもって生徒を威圧する「スターリン」が目を引く（もちろん，『PUNCH』はイギリスで出版されているため，ソ連をネガティブに描いていることは容易に想像できる）。

　(3)「日本の独立回復と再軍備」に目を転じると，帝国『明解』は，一部ではあるが雑誌記事や新聞記事を掲載し，革新派の平和問題談話会の声明と吉田茂首相の発言を提示している（帝国『明解』150頁）。山川『近代』は，『日本外交文書』より「サンフランシスコ講和条約」および「日米安全保障条約」の条文を抜粋し，掲載している（山川『近代』166-167頁）。ただしこれらの資料には該当する問いが設定されていないため，教師は，条約のポイントを解説するか，または自ら問いを設定するなどの工夫が必要となろう。

5 結論・考察

　本章冒頭で確認した通り，『学習指導要領』は学習内容の概要を示す「大綱的基準」にすぎず，歴史事象をめぐっての具体的説明や掲載資料の選択について

は，各教科書が独自性を発揮している。その結果，歴史事象の説明においてどの要因を重視し，重点的に学習させるのかをめぐっては，教科書に違いが見られた。

各教科書に共通する特徴として，第1に資料と問いが「歴史総合」導入以前に比べて増えている点がある。そして第2の特徴は，「現代とのつながりに関わる問い」の存在である。歴史認識問題や外交・安全保障政策はもちろん，現代の政治・社会を考える際，近現代史の事象が問題となることは実は多い。この意味で，歴史教育を現代政治・社会の視点から考えることが今後ますます重要になってくるだろう。

今後の課題としては，上述した「資料と問い」の関係をどのように授業で扱っていくのかという問題がある。もっぱら資料と問いを中心に授業を展開させるというのは，多くの時間を要するのみならず，課題に取り組む生徒の能力と意欲，さらには生徒の学習を指導する教員の資質に大きく依存する。こうした状況を鑑みれば，始まったばかりの歴史総合については，現場の状況を丹念に追いつつ，検証と改善を繰り返すことが肝要となろう。

📖ブックガイド

木畑洋一・中野聡責任編集『岩波講座世界歴史22　冷戦と脱植民地化Ⅰ』岩波書店，2023年。
　＊『岩波講座世界歴史』シリーズのなかの1巻で，冷戦初期を概括的に扱う。アジアやアフリカ，中東諸国についても言及がある。
O. A. ウェスタッド（益田実監訳）『冷戦　ワールド・ヒストリー［上・下］』岩波書店，2020年。
　＊本書はおよそ20世紀全体を視野に入れつつ，地理的には中東やアフリカ，ラテンアメリカの事情も含みつつ，体系的に冷戦を描く通史の試みである。
松岡完・広瀬佳一・竹中佳彦編著『冷戦史——その起源・展開・終焉と日本』同文舘出版，2003年。
　＊冷戦の開始から展開，終焉まで，アジアや冷戦の日本国内への影響を含め，コンパクトに叙述している。
大嶽秀夫『再軍備とナショナリズム——戦後日本の防衛観』講談社（講談社学術文庫），2005年（初出1988年）。
　＊再軍備期の主要政治アクターの外交・安全保障観を扱う。防衛問題が国際政治上の問題よりも国内体制・価値の問題として論じられた実態を鋭く分析している。

第Ⅲ部

グローバル化と私たち──歴史総合の分析(3)

写真：Wikimedia Commons（瀧津伸コラージュ）。

19　グローバル化——私たちに何をもたらすのか

キーワード：ヒト・モノ・資本・情報の移動，情報化，グローバル化の功罪，感染症，移民・難民

新　谷　　卓

1　序論・概要

　グローバル化によってどのような事態が起き，それに伴い人々の生活や考え方がどのように変わってきたのか，グローバル化の正と負の両側面を視野に入れながら，学習指導要領に示されている項目，主に「人と資本の移動」「高度情報通信」「感染症」「多様な人々の共存」に関する教科書記述・資料について，比較・検討していく。

2　論点・課題

(1) グローバル化の歴史

　まず押さえておきたいのは，グローバル化という現象は，歴史総合の教科書の大項目「グローバル化と私たち」で扱われている範囲に限定されるわけではないということである（東書『詳解』歴史の扉7，162頁）。たとえば，すでに8世紀半ばには，ムスリム商人が東南アジアに到来して交易が行われていたし，10世紀頃には，中国商人も東南アジアへの海上交易に乗り出していた（帝国『明解』資料10）。13世紀のモンゴル帝国では，陸路・海路の交易ネットワークが発展した（山川『現代』5頁）。15世紀初頭，明の鄭和は大艦隊を率いて東南アジア・インド洋・中東にまで足を延ばし，朝貢を促すと同時に周辺国の経済を活性化した（山川『近代』26頁，帝国『明解』12頁ほか）。なかでも今日のグローバル化につながっていくという意味で重要なのは，15世紀，ヨーロッパ人による「大航

第Ⅲ部　グローバル化と私たち——歴史総合の分析 (3)

海時代」である (実教『詳述』24-25頁，帝国『明解』資料19ほか)。このときに東イ
ンド会社による投資が始まり，宣教師・商人・奴隷などヒトの移動も本格化し
た。「大航海時代」のヒト・モノ・資本・情報の大陸を越える移動は，近代社
会到来の前提となる出来事だった。山川『近代』では，大航海時代の結果生じ
た世界の一体化を「グローバル化の最初の段階」(33-35頁) と見なしている。

　以上の前近代のグローバル化は，近代以降を扱うとされる「歴史総合」の範
囲外であるが，にもかかわらず各教科書で触れているのは，単に大学受験を考
えてのことではない。歴史上の比較なくして今日の「グローバル化」を理解す
ることは不可能である。やや大げさにいえば，ホモサピエンスの「グレート
ジャーニー (6万年前に世界中に拡散して行った人類の旅路)」以来，歴史を展開さ
せる原動力となってきたのがグローバル化なのである。教える側は狭く限定せ
ずに，歴史を語るのに豊かな概念であることを理解した上で，「歴史総合」で
学ぶ範囲のグローバル化の授業に生かすべきであろう。

(2) なぜ第二次世界大戦後グローバル化が進んだのか

　19世紀後半から20世紀初頭にかけてもグローバル化が進行する。その後，2
つの世界大戦，世界恐慌などで急激に縮小したものの，1970・80年代になると，
再びグローバル化が進行する。その背景にあったのは，ブレトン・ウッズ体制
から変動相場制 (実教『詳述』214-215頁ほか) への移行であり，この基盤の上で商
品・資本，そして労働力が流動的になるように制度や法律が変わったことだっ
た。規制緩和や民営化を促す新自由主義の思想は，この方向に進むことを促し
た (山川『現代』211-212頁)。実教『詳述』では，併せて，この思想の広がりによっ
て，福祉が後退し，貧富の格差や国家間の経済的格差が広がった点を指摘して
いる (215頁)。

　さてグローバル化が量的な側面，広がり，そしてスピードという点で以前に
もまして飛躍的に進展するのは，冷戦終結後のことである (山川『近代』219頁な
ど)。なぜこの時代に前例のないグローバル化が進んだのだろうか。各教科書
で挙げられているのは，次の3点である。

　第1に，社会主義国家の崩壊である (帝国『明解』186頁ほか)。解体された社会
主義国家は，混乱の中で市場主義原理に置き換えられた。また中国も，冷戦終

130

19 グローバル化——私たちに何をもたらすのか

結以前から鄧小平の改革開放政策の下，人民公社解体，経済特区導入，外資導入など市場経済化を推進した（山川『近代』222頁ほか）。このように市場主義という共通の基盤の拡大がグローバル化を加速させることになった。

第2に，情報化の進展（情報技術革命），それと相即した科学技術の飛躍的発展（帝国『明解』193頁ほか）が挙げられる。山川『現代』では，「情報技術革新とグローバリゼーション」という中項目を設けてこれに紙幅をかなり割いている（214-217頁）。また東書『詳解』では，「グローバル化と情報通信技術」という小項目を立てて，グローバル化を促進した要因として情報化を扱っている（204頁）。

第3に，経済のグローバル化を支える前提となった地域レベルの統合や連携である。山川『現代』においては「地域統合の拡大と変容」という中項目を立てて（230-233頁），山川『近代』では「経済のグローバル化」という小項目を設けて，それぞれEU，NAFTA，APECなどを取り上げている（219頁）。

(3) グローバル化の功罪

従来，グローバル化については，人類がより良い方向へ向かうという文脈の中で理解してきたといえるだろう。たとえば，グローバル化が進めば，人々が国境を越えて自由に移動でき，留学，海外での就職，海外移住も容易になる。異文化との交流が活発になると双方が学び合うことになり，その結果，技術が発展する。貿易が盛んになれば，低価格で商品が作られ，低価格で商品が買え，多様な商品を調達することができるようになる。また貿易が盛んになれば，双方にとってマイナスな戦争は起きないのではないかとも期待された。

しかし，一方でグローバル化は，今日「グローバルリスク」ともいえる問題を引き起こしている。帝国『明解』では，「反グローバル化とポピュリズム」という小項目を立て（193頁），グローバル化に反対する政治運動・抗議デモが世界各地で起きていること，それがポピュリズムにつながる可能性を指摘している。グローバル化の負の部分については，次の「現代との対話」の中で具体的に見ておくことにしよう。

131

第Ⅲ部　グローバル化と私たち——歴史総合の分析(3)

3　現代との対話

　経済の問題として，まず貧富の格差の広がり（山川『現代』211頁の資料B6，実教『詳述』233頁の②）が挙げられる。また1997年のアジア通貨危機，2008年のアメリカから始まったリーマン・ショックに見られるような世界経済の不安定化などは，グローバル経済の負の副産物であり，どの教科書でも扱っている（詳しいのは山川『近代』230頁）。同じく経済の問題として，東書『詳解』だけが，犯罪によって得た資金の出所を分からなくする資金洗浄（マネー・ロンダリング），タックス・ヘイブンによる税逃れの問題を挙げている。これもナショナルな統制・規制を無力化するグローバル化の負の側面である（208頁）。

　感染症の問題は，2020年に感染が世界中に拡大した「新型コロナウイルス（COVID-19）」によって，改めて人類にとって脅威であることを我々に知らしめた。どの教科書でもこれに紙幅を割いている。感染症が歴史に与えた影響は我々が思っている以上に大きい。13世紀のモンゴルの拡大とともにペストが広がり，大航海時代にも感染症は世界に拡大した（帝国『明解』183頁）。第一次世界大戦時には，国境をまたいで兵士が戦場に派遣されることによってインフルエンザ（スペイン風邪）が拡大した（山川『近代』177頁）。もしグローバル化が進んでいなければ，感染症は，地方の風土病で終わっていた可能性もあり，グローバル化との関連で言及するのは適切である。

　負の側面ということで取り上げるのはいささか抵抗があるが，移民・難民問題も各教科書で触れられている。山川『現代』では，国内で移民・難民が安い労働力として使われるために，国内の中・低所得層の不満が増大し，それによってグローバル化が停滞，逆戻りしている点を指摘している（231頁）。実教『詳述』では，同じく労働力の問題として，先進国の労働力不足の視点から移民・難民問題を扱っている（221，223頁）。また同書「STEP UP」では，「人の移動の近現代史」として2頁を割き（222-223頁），なぜ人は国境を越えて移動するのか，歴史的な経緯から論じている。同書では，「国際人権」という立場から，彼らの人権を守る主体はどこかと問いかけており（231頁），この問題を多角的

132

に考察している。

東書『詳解』(209頁)，山川『近代』(231頁) では，EUにおける排外主義的傾向の高まり，ブレグジット（イギリスのEU離脱），メキシコ国境の壁建設を推進するなど移民・難民受け入れに反対するトランプ大統領の登場 (2017年) に触れ，グローバル化を推進する既存のエリートを批判するポピュリズムの高まりに言及している。同じく山川『近代』では，移民・難民の受け入れに反対するドイツの極右デモの写真が掲載されているが，本文ではさらに排他的ナショナリズムを掲げる東欧の政党の台頭にも触れている (231頁)。かつてのファシズムすら肯定しかねない極右勢力の増大は，民主主義の根幹を切り崩す可能性のある問題である。東書『詳解』の「世界的にみて，民主化は再び停滞局面に入っている」(209頁) という記述は，教科書の記述だけにいささか驚くが，残念ながらそういう状況にあるのが今日の世界の現状なのである。

4　資料分析

まず，グローバル化の結果でもある「多様な人々の共存」を取り上げたい。というのもそれは生徒にとって最も身近なグローバル化の場面といえるからである。山川『現代』では，「多様な人々の共存」に関連し，日本と諸外国との比較を示す資料として，「外国人参政権の扱い」「日本に在留する外国人とその人口の推移」の問題を取り上げている (165頁)。国内で起きているグローバル化に関わる問題を自分たちの問題として考えさせる良い資料となる。同じ頁にある「ドイツ連邦移民・難民局の通達」も多様な人々と共存を図る一つのヒントとなろう。

東書『詳解』では，戦後の日本から北朝鮮への帰還事業について触れている。その時の写真に写っている人々の期待と希望に満ちた表情は，実に印象的である (167頁)。今日の北朝鮮の状況を学んだうえで，なぜ希望から失望へ変わっていったのかを考えさせたい。

人口移動の世界地図やグラフを掲げている帝国『明解』(157頁)，山川『現代』(160頁)，東書『詳解』(164頁) 等からは，どのような理由で人々の国外への異動

が起きたのか，この移動によって受け入れ先ではどのようなことが起きたのか，調べさせたい。これらの資料はいろいろな問いを表現することができ，作業や課題にも使えそうである。

5　結論・考察

今日我々の社会は，様々な問題をかかえているが，グローバル化に関係しないものはない。政治・経済的な出来事のみならず，自分たちの社会や生活様式，そして文化や考え方そのものがグローバル化によって大きく変わりつつある。グローバル化は，歴史の一時代に見られる現象ではなく，歴史に通底する運動であり，グローバル化の運動とそれに対する反動のダイナミズムこそが各国の歴史を作ってきたとさえいえる。グローバル化はいってみれば「世界史の一つの潮流」なのである（東書『詳解』162頁）。

グローバル化は，従来，政治・経済や地理などの中で扱われてきたが，これを「歴史総合」の中で設定したことの意味は大きい。

📖ブックガイド

マンフレッド・B・スティーガー（櫻井公人ほか訳）『[新版] グローバリゼーション』岩波書店，2010年。
＊多元的な社会的変容過程としてグローバリゼーションを解説した入門書。
伊豫谷登士翁『グローバリゼーションとは何か——液状化する世界を読み解く』平凡社（平凡社新書），2002年。
＊グローバリゼーションとナショナリズムを対立軸にした，分かりやすい概説書。
カール・ポラニー（野口建彦・栖原学訳）『[新訳] 大転換——市場社会の形成と崩壊』東洋経済新報社，2009年。
＊グローバリズム批判の古典。
中野剛志・柴山桂太『グローバリズム　その先の悲劇に備えよ』集英社（集英社新書），2017年。
＊グローバリズムを否定的な立場から分かりやすく論じている。

20 冷戦下の対立——集団安全保障体制の構築と核開発競争

キーワード：北大西洋条約機構（NATO）とワルシャワ機構の成立，核兵器と軍拡競争，ソ連の「雪どけ」（スターリン批判）

寺 田 佳 孝

1 序論・概要

　まず本項に関わる学習指導要領の内容を確認しよう。「脱植民地化とアジア・アフリカ諸国，冷戦下の地域紛争，先進国の政治の動向，軍備拡張や核兵器の管理などを基に，国際政治の変容を理解すること」（『高等学校学習指導要領（平成30年告示）解説　地理歴史編』2018年，174頁）。以上の内容は，40年近くに及ぶ冷戦期の米ソ関係および世界各国の動向を含む概括的な内容であり，各教科書において複数の箇所に分かれて扱われている。このうち本項では，「軍備拡張や核兵器の管理」を扱うが，これについて『学習指導要領解説』は，「米ソを中心とした宇宙開発競争を経て，キューバ危機をきっかけとして変化した米ソの核開発競争やその後に締結された部分的核実験禁止条約，核拡散防止条約などを扱い，それらが各国の安全保障政策や冷戦構造の変化につながったことに気づくようにする」と記している（同上，174-175頁）。

　もっとも，「軍備拡張や核兵器の管理」という表現も，多くの事件や論点を含んだテーマであり，一括して扱うには大きすぎる内容である。そこで本章では，冷戦開始からキューバ危機の発生前までの時期を分析対象とする。具体的には，主な論点・課題として「米ソ両陣営における軍事同盟の結成」（2　論点・課題），現代につながる論点として「核軍拡の開始とその危険性」（3　現代との対話），そして両テーマにおいて活用されている資料（4　資料分析）の順に教科書の構造を検討する。そのうえで，本章のテーマを授業で扱う際の課題を考える（5　結論・考察）。

第Ⅲ部　グローバル化と私たち——歴史総合の分析(3)

2　論点・課題

　多くの教科書が掲げる代表的な論点として，「冷戦の時代には，どの地域にどのような集団防衛機構が形成されたのだろうか」(山川『近代』179頁)というものがある。この点に関する分かりやすい本文叙述として，実教『詳述』を見てみよう。「冷戦のもとで対立した，アメリカを中心とする資本主義圏(西側陣営)とソ連を中心とする社会主義圏(東側陣営)は，軍事的，経済的な競合を強めていった。1949年には，社会主義圏の国々が経済相互援助会議(コメコン)を設立し，アメリカ，カナダ，資本主義圏の西ヨーロッパ諸国は，集団防衛機構として北大西洋条約機構(NATO)を結成した。(中略)東側陣営では，1955年にはソ連と東欧諸国の間の軍事協力機構として，ワルシャワ条約機構が結成された」(実教『詳述』196頁)。この点について，各教科書の記述に大きな差は見られない。もっとも，帝国『明解』，実教『詳述』，東書『詳解』が，NATOおよびワルシャワ条約機構加盟国を中心とする二大陣営のヨーロッパにおける対峙状況を地図で示しているのに対し，山川の『近代』『現代』は，ヨーロッパだけでなく世界全体の地図を使い「冷戦期の諸同盟」と「冷戦期の主な紛争地帯」を示している(山川『近代』179頁，山川『現代』146頁)。

　軍事同盟の構築と並んで各教科書で説明されるのは，米ソの国内事情である。特にソ連に関し，スターリン死後のフルシチョフによるスターリン批判，ポーランドやハンガリーにおけるソ連支配からの解放を求める動きとそれへのソ連の軍事弾圧，米ソ関係の「雪どけ」と相互の挑発行為による再度の緊張などは，各教科書に記述が見られる。他方で，アメリカの冷戦初期の国内事情については教科書によって記述の詳しさにかなりの濃淡がある。詳しい説明としては，以下の山川『近代』がある。「1950年代のアメリカ合衆国では，原子力・航空機・コンピュータなど，戦争と結びついた新しい産業部門における技術革新が，経済の成長を促した。(中略)また，アメリカでは，肥大化した軍需産業が戦争が終わっても大規模なまま存続し，軍部との癒着を深めるとともに，政治への発言力も強めた。軍事産業と軍部，それに政府機関の一部が一体化した

136

『軍産複合体』は，アメリカの政治に影響力をもった。この時期のアメリカ社会は，冷戦の緊張の中で保守化しており，その端的な現れが『赤狩り』であった」(山川『近代』181頁)。このような国内政治情勢と国際政治情勢，あるいは技術革新と戦争を結び付ける視点は，歴史のみならず現実の政治・社会を理解するためにも是非とも生徒に学んでほしいものである。他方で現場からは，「18世紀以降の世界史と日本史を統合した2単位の「歴史総合」でこの種の内容まで教える場合，年間で予定しているカリキュラムの全範囲を終えることが難しくなる(実質的には「不可能」)」という声も出ている。この点を考慮するならば，より深い内容については，歴史総合ではなく世界史探究で扱うことも検討すべきであろう(歴史総合と世界史探究の「接続」および「内容配分」を考えるという課題)。

　ところで，第二次世界大戦終結後に発足した国際連合は，加盟国による侵略戦争を阻止するのみならず，各国による過度の軍事同盟依存や軍備増強の結果，国際的な緊張が高まる事態を回避することを目指していた。だが，その国連が発足してまもなくこうした国際政治の軍事化が進んでしまったのは，非常に皮肉な事態である。各教科書では明記されていないが，NATOとワルシャワ条約機構が結成された理由の1つとして，国際連合とくに安全保障理事会の機能不全，そして相手国に対する極度の政治不信があったことは説明する必要があろう。

3　現代との対話

　冷戦期の米ソ対立の中核的部分は，核兵器をめぐる対立であった。核兵器をめぐる問題にいかに向き合うのかという問いは，今日においても——冷戦期とは異なる課題に直面しているとはいえ——依然として重要なテーマであり続けている。

　核軍拡の展開については，検討したすべての教科書に記載されている。特に帝国『明解』(169頁)と実教『詳述』(198-199頁)は「核兵器」をめぐる問題について，東書『詳解』(173頁)は「反核運動」について本文とは別に特集を組んでいる。ここでは帝国『明解』の記述を紹介しよう。「一方で，アメリカは1945年以

第Ⅲ部　グローバル化と私たち——歴史総合の分析(3)

降も自国の安全保障のため核実験を繰り返した。49年にソ連が原爆保有に成功すると，トルーマン米大統領は原爆の威力をはるかに上回る水爆の開発を命じ，両国な危険な核軍拡競争に入った。54年のアメリカの核実験は，第五福竜丸事件やマーシャル諸島の住民の被曝を引き起こした。(中略) 核兵器の絶大な破壊力は，その使用が壊滅的な世界を人々に想像させることから，かえって戦争の抑止になるという『核抑止力』に考え方が生まれた」(帝国『明解』169頁)。上記の説明に続いて，キューバ危機以降の核拡散防止，核軍縮の動きが説明されている。以上の説明の流れは，他の教科書も同様である。

　ところで，核軍縮や核兵器の最終的廃絶を目指すのであれば，本来，それを保有する側の論理についても理解する必要がある。たとえ「核兵器は人類を破滅に追い込む危険かつ不道徳な兵器であり，直ちに破棄すべきだ」と訴えたとしても，上記の引用にある「核抑止論」を志向する大国の指導者たちの思考を転換させることは容易でない。なぜなら，彼らは何よりも自国の安全が完全に保障されない国際社会の存在を前提とし，自国の安全を軍事力——その究極の手段が核兵器——による抑止で確保しようとしているからである。したがって，核軍縮を実現するには，抑止力への依存を促している現在の国際政治構造をまず理解し，その紛争要因——相互不信や敵対関係など——を除去することが不可欠となろう (山田・吉川 2000: 1-14頁)。以上の説明は，通常の歴史総合の学習範囲を超えるとはいえ，こうした内容を将来の有権者たる生徒が理解することができれば，具体的な軍縮政策の実現可能性を高めることになると思われる。

4　資料分析

　本項に掲載されている資料の種類としては，(1)写真，(2)地図，(3)グラフが一般的であり，山川『現代』のみ，(4)ポスター，(5)政治家の演説文の抜粋を複数掲載している。

　まず，いずれの教科書にも説明がある「スターリン批判」であるが，その具体的な演説内容を掲載しているのは，山川『現代』のみである。すなわち「ス

ターリンは集団的な指導とか集団的な仕事にはまったく我慢できず，……説得
や説明，あるいは人々との忍耐強い協力という方法には頼らず，自分の考えを
暴力的に押しつけ，無条件に服従させるという方法をとっておりました。この
ような事態に反対したり，自分自身の見解の正しさを証明しようと試みた人々
は，指導部からはずされたり，ひいては精神的，肉体的に抹殺される運命にお
ちいったのであります」(山川『現代』176頁)。生徒たちがこうした演説の中身に
ふれ，そのニュアンスを知ることは，この演説が当時どれほど衝撃的なもの
だったかについて理解することにつながるだろう。同書はさらに，1950年代の
米ソの国内社会の風潮を理解するために，両国の自国民向けの宣伝を3つ掲載
し(「アメリカの郊外住宅地の家族像」という家族が庭でくつろぐポスター，「偉大なス
ターリンのもとで共産主義に邁進しよう！」という絵の真ん中で右手を掲げるスターリ
ンを諸国民が仰ぎ見るポスター，「明日はこうなる」というアメリカが赤い炎で燃え，赤
い服装の「敵」が襲い掛かるマンガの表紙)，「米ソ両国は自国をどのように理想的
に描いていたのか」「当時のアメリカがどのような風潮にさらされていたのか」
「それらの背景にはどのような事情があったのか」という問いを設置している
(山川『現代』174-175頁)。

　核軍拡の問題に目を向けると，核実験に関する写真 (ビキニ環礁での水爆実験，
アメリカのネヴァダ砂漠での核実験，マーシャル諸島での水爆実験) および被曝した
第五福竜丸の写真は，各教科書に掲載されている。なお，このテーマについて
も山川『現代』は興味深い資料として，映画「ゴジラ」のポスター(1954年) を掲
載し，「『ゴジラ』の設定はどのような社会背景と関わっているだろうか」とい
う問いを設置している (山川『現代』180頁)。

5　結論・考察

　本項は冷戦開始時期のNATOおよびワルシャワ条約機構の設立，米ソ両陣
営の軍拡競争とりわけ核兵器開発競争を中心に扱っており，歴史総合の中でも
特に国際政治と関連の深い単元である。したがって，国際政治学，外交・安全
保障政策論，地域研究などの著作を参照し，上記の「2　論点・課題」および

第Ⅲ部　グローバル化と私たち──歴史総合の分析(3)

「3　現代との対話」で触れたような「国際政治の観点・視点」(たとえば「国連の機能不全」や「核抑止論の基本とその問題点」など)を補足することができれば，生徒が本単元をより深く理解することにつながるであろう。その際，関連著書を用いることが授業時間の都合上難しい場合，たとえば他の歴史総合の教科書を使用する方法もありうる。本項で紹介したように，同じ単元でも教科書によって掲載資料や問いにかなりの差が見られる。教科書はいずれも『学習指導要領』を基準とした構成となっているため，カリキュラム上，あるいは生徒の理解促進という観点からみれば，追加教材としての使用はより容易であると思われる。

📖 ブックガイド

広瀬佳一編著『NATO (北大西洋条約機構) を知るための71章』明石書店，2023年。
　＊国際政治学および欧米諸国の研究者を中心に，NATOの歴史的変容を記述した包括的な入門書。2022年のウクライナ戦争勃発後の国際情勢とNATOの立場にも言及している。

鈴木達治郎『核兵器と原発──日本が抱える「核」のジレンマ』講談社 (講談社現代新書)，2017年。
　＊核軍縮を進める必要があるにもかかわらず，それに取り組もうとする際に立ちはだかる既存の国内外の政治・社会関係について，分かりやすく解説している。

藤原帰一・李鍾元・古城佳子・石田淳編『国際政治講座4　国際秩序の変動』東京大学出版会，2004年。
　＊国際政治の研究者が国際システム，規範 (イデオロギー)，経済とグローバリズム，国際秩序の変動などについて記述した著書。4巻の第3章 (梅本哲也著) は，冷戦期の「核抑止」の考え方とその限界を扱っている。

山田浩・吉川元編『なぜ核はなくならないのか──核兵器と国際関係』法律文化社，2000年。
　＊核兵器の最終的な廃絶に向けて，具体的にどのような政策が可能なのか検討している著書。核兵器について国際関係との関連から分析し，核保有国の戦略，軍縮と信頼醸成措置などを説明している。

21　冷戦下の共存——緊張緩和の難しさと平和への取り組み

キーワード：キューバ危機，緊張緩和（デタント），核軍縮，反核・平和運動

寺 田 佳 孝

1　序論・概要

　本項に該当する学習指導要領の内容は，前項（「20　冷戦下の対立」）同様，「脱植民地化とアジア・アフリカ諸国，冷戦下の地域紛争，先進国の政治の動向，軍備拡張や核兵器の管理などを基に，国際政治の変容を理解すること」（『高等学校学習指導要領（平成30年告示）解説　地理歴史編』2018年，174頁）となっている。このうち前項では「軍備拡張や核兵器の管理」に関し，『学習指導要領解説』の指摘する「米ソを中心とした宇宙開発競争」および「核開発競争」について，冷戦開始時期の米ソを軸とする軍事同盟の成立や，その時期の両国の国内政治・社会情勢を検討した。それに対する本項では，キューバ危機以降の軍縮の時代を主に扱っていく。具体的には，「キューバ危機」および「反核・平和運動」が主な論点・課題となる。

2　論点・課題

　「核戦争の恐怖から軍縮へ」（山川『近代』200頁）というキーワードに関し，多くの教科書が掲げる代表的な論点は，「キューバ危機とはどのような事件だったのだろうか。また，その後の緊張緩和と軍縮はどのように進んだのだろうか」（同上，200頁）というものである。この歴史的経過について，たとえば帝国『明解』は，次のように説明している。「62年，ソ連がキューバにミサイル基地を建設していたことがわかると，アメリカのケネディ大統領はこれを脅威とし，米ソ間の緊張は核戦争寸前まで高まった（キューバ危機）。結局ソ連がミサ

第Ⅲ部　グローバル化と私たち——歴史総合の分析(3)

イル撤去を約束し，核戦争の危機は回避された。キューバ危機によって意思疎通の重要性を学んだアメリカとソ連は，首脳どうしの間に直接電話（ホットライン）を引くなど平和共存の意思を確認し，その後の核軍縮への道をひらいた。(中略) その後も核兵器の製造や宇宙開発競争は続いたが，核兵器技術が高度に発展し続ければ，やがて核保有の相互抑止効果を失わせることや，際限のない軍事費の増大は経済を圧迫し，米ソの体制に負担となることも認識されるようになった。こうして，米ソの均衡を保ちながら戦略兵器制限交渉 (SALT) などによる軍備縮小が進んだ」(帝国『明解』159-160頁)。同様の説明は，東書『詳解』(171頁) にも見られる。

　このようにキューバ危機以後，核開発競争から核軍備管理へと一定の方針転換が米ソに見られた一方，核兵器の国際的な管理や軍縮の難しさについても，各教科書は指摘している。先に紹介した帝国『明解』では，別の頁で核兵器と軍縮を特集している (「核兵器——核兵器と軍縮への取り組み」同書，169頁)。そこでは核拡散防止の難しさについて，以下の記述がある。「1960年代半ば，核兵器バランスは新たな局面を迎えた。核兵器技術の急速な発展に加え，イギリス・フランス・中国が核保有国になっていた。68年には米ソ英仏中以外の国の核保有を防止する核拡散防止条約 (NPT) が締結され，70年に発効した。しかし70年代から80年代の米ソ間の核軍縮は相互不信のなかで進まなかった。(中略) 署名していないイスラエル・インド・パキスタンの3か国が核保有国となり，北朝鮮は2003年に脱退を表明し，その後核保有を宣言した。NPTには，根本的に核保有国に核保有を認めながら，非核保有国にはそれを認めないという矛盾がある」(帝国『明解』169頁)。実教『詳述』では，「核実験と核競争」というタイトルで2頁の特集を組み，米ソ英仏中およびインド，パキスタン，北朝鮮といった核保有国が核兵器廃絶に対して見せている消極的な態度 (核実験の実施，条約の批准拒否など) が批判的に叙述されている (実教『詳述』198-199頁)。

3　現代との対話

　ところで，上記の核軍縮と連動した動きの1つに，民間団体や科学者・研究

142

21 冷戦下の共存——緊張緩和の難しさと平和への取り組み

者の参加した反核運動や平和運動の存在がある。米ソ両政府の間で軍拡競争と
並んで相互の意思疎通や軍備コントロールが強調されるようになるのはキュー
バ危機以降だが, 民間の反核運動・平和運動は既に1950年代にその盛り上がり
を見せていた。この点について, 山川『現代』は次のように記述する。「第二次
世界大戦中に広島・長崎で核兵器が実際に使用されたこと, そして核兵器保有
国と核兵器の数が想像を絶する勢いで増え続けたことによって, 核実験禁止と
核兵器廃絶を求める声が広がった。1954年には日本のマグロ漁船の第五福竜丸
がビキニ環礁でアメリカの水素爆弾実験によって被曝したことを機に, 1955
年, 第1回原水爆禁止世界大会が広島で開かれた。また, 科学者のアインシュ
タインや哲学者のラッセルらの呼びかけを受けて, 1957年に多数の科学者が参
加したパグウォッシュ会議が開催された」(山川『現代』182頁)。上記の説明に見
られる「第五福竜丸事件」については今回検討した5冊すべてに, アインシュ
タイン, ラッセルらの関与した反核運動については4冊に叙述が見られるな
ど, その関心の高さがうかがえる。

　その後, 1960年代のベトナム反戦運動等を経て, 再び反核・平和運動が大き
なうねりを見せたのが, 70年代末から80年代初頭の時期である。当時のヨー
ロッパでは, 米ソの中距離核ミサイル配備等をめぐり, 国際的な緊張が高まっ
ていた。そうした政治・社会情勢と反核運動との関係について, たとえば東書
『詳解』は次のように説明する。「しかし1970年代後半, ソ連が西欧を射程距離
におさめる中距離核ミサイル (INF) を配備し, それに対して1979年, 北大西洋
条約機構 (NATO) が「二重決定」を行い, ソ連とミサイル配備制限の交渉を進
めつつ, それが実現しなければアメリカも中距離核ミサイルを西欧諸国に配備
することを決めた。その結果, 西ドイツをはじめ西欧諸国で市民の反核運動が
さかんになり, さらにそれは同様にソ連の核ミサイルの射程に入った日本など
世界に広がり, 冷戦終結に向けての布石となった」(東書『詳解』173頁)。

　この時期の西ドイツを中心とする反核・平和運動については, 環境やエコロ
ジー, より公正な社会構造や人間関係を志向する社会運動や緑の党の登場と
いった文脈で説明されることも多いが, 1970年代の西ドイツで発展した平和研
究 (Friedensforschung) の影響を見落とすべきではないだろう。平和研究とは,

第Ⅲ部　グローバル化と私たち──歴史総合の分析(3)

「学術的手法を用いて平和な世界とは何か，その創造・回復の条件は何かを探求し，それを実現する方法を追究する学問」とされる（有賀貞ほか編『講座国際政治1　国際政治の理論』東京大学出版会，1989年，299-300頁）。その成果は，一方で当時の西ドイツの社会科のカリキュラムに影響を与え，他方で反核・平和運動に既存の核戦略を批判する際の理論的根拠を提供した。

　その一方で，冷戦終結後に反核・平和運動は，困難に直面しているようにもみえる。最大の要因は，核兵器をめぐる最大の論点が，米ソ対立による核戦争の危機をいかに回避するかではなく，五大国以外の国や非国家アクターへの核兵器の拡散（たとえばイランや北朝鮮の核開発，あるいはテログループによる核使用など）をいかに阻止するかという点に移ったためであろう。こうした現状を前にして，生徒が核軍縮の必要性を真剣に捉え，そのための政策変更を検討するようになることを願うならば，本来必要なのは，まずは抑止力への依存を促している現在の国際政治構造（自国の安全をいかに確保するか，あるいは「軍事力」が現状，国家間関係にどのような影響を及ぼしているのかなど）の存在を理解させ，その紛争要因──相互不信や敵対関係など──をどのように除去できるのか検討させる作業であろう（高坂 2017: 218-232頁）。

4　資料分析

　本項に掲載されている資料の種類としては，(1)写真，(2)地図，(3)グラフがいずれの教科書にも見られるものであり，それに加えて山川『現代』は，(4)ポスター，(5)政治家の演説文の抜粋を複数掲載している。

　大部分の教科書は，基本的に本文による説明中心の内容構造となっている。もっとも，教科書ごとに注目する事実には一定の差異がある。たとえば東書『詳解』は，反核・平和運動について細かく説明しつつ，関連写真（第1回原水爆禁止世界大会や西ドイツの反核・平和運動など）を掲載している（東書『詳解』173頁）。実教『詳述』は先に紹介した「核実験と核競争」の特集において，資料としてラッセル・アインシュタイン宣言の本文を一部紹介している（実教『詳述』199頁）。帝国『明解』は，上述の「キューバ危機」に関し，当時のケネディ政権

の議論（キューバに対する武力攻撃派と海上封鎖派の主張），さらに当時のソ連のフルシチョフからの親書（キューバにある兵器を撤収か破棄する代わりに，アメリカにキューバへの侵攻禁止やトルコからのミサイル撤去を求める内容）を資料として示し，関連する問いとして「なぜケネディ大統領はフルシチョフの条件を受けいれたのか。受け入れなかった場合の状況も仮定して，考えよう」を掲載している（帝国『明解』160頁）。

　これに対し，前項同様，資料と問いを充実させた内容構造となっているのが，山川『現代』である。同書はまず，キューバ危機について，帝国『明解』同様，ケネディとフルシチョフとの書簡と関連する問いを掲載している（山川『現代』181頁）。さらに同書は，反核運動についても「東京都杉並区の女性たちの署名運動」「静岡県焼津市の魚屋の看板」（「原子マグロ」は買いません），実教『詳述』も掲載しているラッセル・アインシュタイン宣言を資料として掲載し，問いとして「1954年の出来事」「1955年の大会」について検討させている。さらに1947年から1981年までの「世界終末時計」を紹介し，その針の移動と当時の出来事（1949年，1963年，1972年，1980年の針の動き）について解釈させている（山川『現代』182頁）。

5　結論・考察

　「公共」の学習と同じく，歴史学習においても平和と外交・安全保障というテーマは重要な位置を占める。にもかかわらず，その教育が難しいと感じている教員は多いのではなかろうか。主な理由として，まず「戦争と平和」「外交・安全保障」というテーマは，戦後日本において政治や社会で容易に政治対立を引き起こしてきたがゆえに，学校教育で詳しく扱うことに難しさや抵抗を感じるということが挙げられよう。それに加え，たとえば「なぜ人類を滅亡さえる可能性がある核兵器を保有する国があるのか，あなたの考えを説明しよう」（帝国『明解』160頁）という教科書になにげなく設置された問い１つを見ても，生徒がこの問いに十分なレベルで回答するには，相当レベルの国際政治史や現実の外交・安全保障に関する知識を身につけていることが求められる。これを限ら

第Ⅲ部　グローバル化と私たち──歴史総合の分析 (3)

れた時間の歴史学習の中で求めるのは非現実的であろう（もっとも，どの時代の
どの国を指しているのか限定せず，抽象的・一般論として「他国から攻められないよう
にするため」などと曖昧に答える程度でよいのであれば話は別である）。

　こうした点を踏まえれば，基本は教科書の本文叙述を中心とした授業としつ
つ，各章で重要なテーマ 1 つを取り上げ（たとえば本章であれば帝国『明解』の
「キューバ危機」や山川『現代』の「反核運動」など），そこだけ教員が関連著書や資
料を追加で提示し，やや詳しくグループで調査・発表・議論させる時間を設け
るなどの方法が考えられる。

📖ブックガイド

青野利彦『冷戦史（上）──第二次世界大戦終結からキューバ危機まで』中央公論新社
　　（中公新書），2023年。
　　＊冷戦について概観した最新の研究で，上下 2 巻から構成され，このうち上巻では
　　　米ソの核兵器開発競争の開始からキューバ危機に至る状況を扱っている。冷戦初
　　　期の米ソ軍拡競争，特にキューバ危機の概要を捉えるのに適している。
小原雅博『戦争と平和の国際政治』筑摩書房（ちくま新書），2022年。
　　＊ロシアによるウクライナ侵攻や日本の現実の外交・安全保障政策といった実例に
　　　触れつつ，抽象的になりがちな国際政治の理論について具体的かつ分かりやすく
　　　説明している。
高坂正堯『国際政治──恐怖と希望［改版］』中央公論新社（中公新書），2017年。
　　＊国際政治の入門書。著者は冷戦期日本を代表する国際政治学者。初版は1966年で
　　　あるが，国際政治の複雑さ──なぜ軍縮の必要性が再三強調されているのにそれ
　　　が簡単に進まないのか──を理解する目的において，本書の意義は現在でもまっ
　　　たく失われていない。

22 脱植民地化——植民地独立と残された課題

キーワード：植民地の独立と冷戦，第三勢力，南北問題，計画経済，開発独裁

瀧津　伸

1　序論・概要

　宗主国が植民地を支配するという関係がなくなり，植民地が主権をもった独立した存在になっていくことを「脱植民地化」という（実教『詳述』137頁）。「脱植民地化」の過程とそこから生じた諸課題について，学習指導要領は，「脱植民地化」を大項目「グローバル化と私たち」で取り扱うようにしているが，第二次世界大戦後の植民地の独立については，山川『現代』以外の教科書は，大項目「国際秩序の変化や大衆化と私たち」から記述が始まっており，また，各教科書とも複数の章や項に分かれて記述されているため，「脱植民地化」を主題にして授業を計画する際に苦慮するところである。

　本項では，「脱植民地化」について，「植民地独立と残された課題」を主題に，「植民地の独立」と「解決困難な課題」を論点をとして，教科書分析を行う。「論点・課題」では，そこで発せられる「中心的な問い」（以下MQと記す），「MQを支える問い」（以下SQと記す）を挙げ，そこから生じる課題について考察する。「現代との対話」では，「独立過程で生じた諸問題」が現代の課題解決と深い関わりをもつと考え，考察する。「資料分析」では，問いの探究・解決を支援するためにどのような資料が教科書に取り上げられているかを分析・考察する。

2　論点・課題

　最初の論点「植民地の独立」について，MQとして「植民地の独立は，どの

第Ⅲ部　グローバル化と私たち──歴史総合の分析(3)

ような過程を経て実現したのか」が挙げられる。第二次世界大戦中，植民地支配体制が動揺したこと（宗主国の弱体化，植民地支配に批判的なアメリカ・ソ連が戦争の主導権を握ったこと）により，植民地独立の展望が開かれた。

　東南アジアについては，独立の契機になったのが，アジア太平洋戦争における日本による占領と日本の敗戦である。日本による占領は，「欧米の植民地支配からの解放」という「大東亜共栄圏」のスローガンとは裏腹に，自国の利益のための過酷な支配であった。しかし，宗主国の支配体制は動揺し，「民族運動や抗日運動を基礎に」（山川『近代』157頁）独立の機運は一気に高まった。1945年の日本の敗戦後，インドネシアとベトナムではただちに独立が宣言され，1946年にフィリピン，1948年にビルマ（ミャンマー）が独立した。南アジアでは，宗主国イギリスとの交渉の結果，ヒンドゥー教徒が多数を占めるインドとムスリムが多数を占めるパキスタンが分裂して1947年に独立した。アフリカでは，1957年にガーナがイギリスから独立すると，植民地独立の動きが加速し，60年には一挙に17の独立国が生まれ，「アフリカの年」と呼ばれた。1960年12月に国連の植民地独立付与宣言が採択され，脱植民地化は60年代に頂点を迎えた。ここで，SQ「植民地の独立にあたり，旧宗主国はどのような対応をとったのか」が発せられる。第二次世界大戦後，旧来の宗主国は各地域での支配を継続したり，影響力を回復したりしようとした（東書『詳解』149頁）。一方で，植民地統治の政治的リスクと経済的負担の大きさなどから独立を認める姿勢を取る方向に態度を変化させた宗主国（実教『詳述』137頁，帝国『明解』164頁）が現れ，アジア・アフリカのイギリスの植民地はこの流れの中で独立した。他方で，同じ宗主国でもオランダやフランスは独立を認めず，戦争（インドネシア独立戦争〔1945〜49年〕，インドシナ戦争〔1946〜54年〕，アルジェリア戦争〔1954〜62年〕）を経てようやく独立が達成される国もあった。

　次の論点「解決困難な課題」についてのMQは，「アジア・アフリカ諸国は，『脱植民地化』の過程でどのような問題に直面したのか」であり，これに関連して２つのSQ「『脱植民地化』を困難にする課題はなぜ生じたのか」「新たに独立した国々はこの課題にどのように対応したのか」という問いが発せられる。

　「脱植民地化」を困難にしている課題は，第１に，旧宗主国の植民地支配に

148

起因するものが大きい。インドとパキスタンの対立（カシミール問題）やインド国内の宗教対立は，植民地統治において，イギリスが宗教による分断を図ったことが主要な原因である。中東やアフリカでは，ヨーロッパ諸国が植民地化や勢力圏分割の過程で人為的に引いた境界が原因で，民族間・部族間の争いが生じ，内戦や地域紛争になることもあった（東書『詳解』174-175頁）。さらに，旧宗主国等が資源などの利権を確保するために民族的対立に干渉して，コンゴ動乱（1960～65年）のような内戦が起こる国も生じた。

　第2に，「冷戦」によるアメリカ・ソ連の干渉がある。冷戦の影響は，まず，第二次世界大戦後の東アジアで明らかになった。日本の敗戦後，植民地から解放された朝鮮や台湾は，すぐに冷戦体制に組み込まれた。朝鮮は，アメリカ・ソ連に分割占領され，両超大国の影響下で南北に分裂して独立した。台湾は，中国国民党の統治下に入り，国共分断の政治情勢下で，国民党の独裁支配を受けることになった（東書『詳解』150頁）。ベトナム独立をめぐるインドシナ戦争は，1954年にジュネーブ休戦協定が成立し，解決に向かうはずだった。しかし，反共産主義政策を推し進めるアメリカが介入し，その影響下にベトナム共和国（南ベトナム）を樹立し，南北分断を固定し，この流れはベトナム戦争につながった。以上のように植民地独立の過程にアメリカ・ソ連が関わることによって，地域紛争が引き起こされ，「脱植民地化」を困難にしていった。

　冷戦のもとで，「アジア・アフリカ諸国の間では，東西陣営とは距離を置き独自の立場をとろうとする動き」（東書『詳解』169頁）が現れた。この非同盟中立の立場を選んだ国々は，第三勢力と呼ばれた。1954年の中国の周恩来首相とインドのネルー首相による平和五原則に始まり，翌年には29ヵ国が参加するアジア・アフリカ会議（バンドン会議）で平和十原則を採択し，1961年にはユーゴスラヴィアのベオグラードで第1回非同盟諸国首脳会議を開催して，第三勢力の結束を強めた。第三勢力は，国際連合を活用して，平和共存，民族解放の支援，植民地主義の打破を目指したが，1962年の国境をめぐる中印戦争に見られるように，その結束は必ずしも一枚岩ではなかった。アメリカ・ソ連両国は地域紛争への介入や軍事・経済援助を通じて第三勢力への影響力を拡大しようとした（東書『詳解』169頁）。

第Ⅲ部　グローバル化と私たち――歴史総合の分析(3)

　第3に，「南北問題」と呼ばれる先進国との経済格差の問題がある。開発途上国と呼ばれる植民地から独立した国々では，植民地支配構造から脱却して経済的に自立することが大きな課題であった。開発途上国では，自国の工業化や経済発展を図る際，独立後のインドのように，ソ連を工業化のモデルとして，国営企業の設立や計画経済的手法の導入など，国家主導により工業化を進める社会主義的な経済政策をとる国も多く現れた。しかし，ソ連をはじめとする東側陣営の支援能力が低かったり，計画が破綻したりして，十分な成果を上げることができなかった（砂野 2023：210頁）。一方，社会主義国と開発途上国の接近に危機感をもったアメリカ・西ヨーロッパ・日本などの西側先進国は，開発途上国への経済援助を強化し，資金援助や技術協力を通じて開発途上国への影響力拡大を図った。アジアや中南米では，この援助を受けて，韓国の朴正熙政権やインドネシアのスハルト政権のように，軍部などが政治の実権を握り，反共の姿勢を明確にして，強権的な体制のもとで経済発展を追求する開発独裁と呼ばれる政治体制が現れた。しかし，人権侵害や政治腐敗が批判され，1980年代以降，民主化が進んだ。

3　現代との対話

　「独立過程で生じた諸問題」は，解決困難な難題になっていることが多い。中東のパレスチナ問題がその典型である。その他に，現在も頻発している内戦，貧困・飢餓問題なども挙げられる。内戦や貧困・飢餓問題は，多くの難民も生み出した。論点・課題で述べたように，内戦は旧宗主国が人為的に引いた境界線（東書『詳解』175頁）や民族・宗教等による分断が要因である。貧困・飢餓問題は旧宗主国が資源等の利権の確保（これによりモノカルチャー経済が存続し，価格変動や気候変動等に左右される不安定な経済構造からの脱却が困難になった）や経済援助を通して影響力を残そうとしたこと（これらは「新植民地主義」として批判された）が要因である。

　以上の問題について，実教『詳述』は，「現代において植民地問題は解決されたのだろうか。それとも，形を変えて存在しているのだろうか」（137頁）とい

う問いを発し，生徒に話し合うことを求めているが，この問いは，植民地支配
の責任や現在の経済援助のあり方を考える議論に発展することが望まれる。

4　資料分析

　「脱植民地化」に関連する教科書に掲載されている資料について，「植民地の
独立」との関係で注目されるのは，実教『詳述』（181頁）と山川『現代』（171頁）
に掲載している1945年のホー・チ・ミンによる「ベトナム独立宣言」である。
この宣言は，アメリカの独立宣言やフランスの人権宣言からの引用であり，国
内では基本的人権を尊重しながら，植民地の人々の人権を蹂躙して憚らない欧
米諸国を痛烈に批判したものである。山川『現代』は，ホー・チ・ミンは独立
の根拠として何を主張したのかを問い，欧米諸国の基本的人権に対する矛盾し
た認識を生徒に考えさせている。

　「解決困難な課題」で注目される資料は，東書『詳解』に掲載している北アフ
リカの言語分布図と国境線を示した図（163頁）である。教科書は，ここからど
のようなことが考えられるかを問い，旧宗主国が人為的に引いた境界線により
部族間の争いが生じ，現在も続く内戦に発展していることを考えさせている。
内戦については，そこから発生した難民問題に関する新聞記事を示して授業の
導入に使うことも考えられる。

5　結論・考察

　「脱植民地化」過程で発生した難題は，現在も継続し，その中の内戦から難
民問題や難民に対する排外主義のような新たな問題も生じている。この難題が
旧宗主国の政策に起因することは本項で述べてきた通りである。以上の問題に
ついて，1990年代より植民地支配の責任を問う議論が現れ，訴訟も行われるよ
うになった（木畑 2014：262-263頁，ケネディ 2023：147-48頁）。

　一方で，冷戦期に国際連合を活用して，平和共存，民族解放の支援，植民地
主義の打破を目指して活動を始めた第三勢力は，現在では国際連合総会で存在

第Ⅲ部　グローバル化と私たち——歴史総合の分析(3)

感を示すまでになった。また，経済構造を調整して，貧困・飢餓問題を克服し
ようとする動きも出てきている（帝国『明解』は，グラフでガーナの輸出品目の変化
を示し〔164頁〕，この試みを紹介している）。「脱植民地化」は，難題を抱えながら
も，着実に進んでいる。

📖ブックガイド

木畑洋一『二〇世紀の歴史』岩波書店（岩波新書），2014年。
　　＊激動の20世紀を帝国主義の時代として，帝国世界の形成から解体まで，「長い20
　　　世紀」という視角から，現代につながる歴史の大きな流れを描いたもの。第4章
　　　の「帝国世界の解体」で脱植民地化の過程とそこから生じた諸問題について述べ
　　　ている。
木畑洋一・中野聡責任編集『岩波講座世界歴史22　冷戦と脱植民地化Ⅰ　冷戦と脱植
　　　民地化Ⅰ』岩波書店，2023年。
　　＊とりわけ，以下の2論文が本キーコンセプトと関係が深い。
　　　難波ちづる「脱植民地化のアポリア」——第二次世界大戦後，加速した脱植民地
　　　　化について，独立前後の困難な道のりについて簡潔・明快にまとめたもの。
　　　砂野幸稔「アフリカ諸国の独立とアフリカ人エリート」——アフリカ人エリート
　　　　がヨーロッパの思想を借用して描いたパンアフリカニズムの理想や自立経済に
　　　　向けた社会主義の実験等が頓挫して，1990年代に「絶望の大陸」と呼ばれるに
　　　　至った背景とプロセスを描いたもの。
デイン・ケネディ（長田紀之訳）『脱植民地化——帝国・暴力・国民国家の世界史』白
　　　水社，2023年。
　　＊第二次世界大戦後のアジア・アフリカ全域で生じた脱植民地化について，その特
　　　徴を浮き彫りにし，今日にもつながる様々な暴力の源をグローバルな視点から問
　　　いなおしたもの。
古田元夫『東南アジア史10講』岩波書店（岩波新書），2021年。
　　＊東南アジア史の通史。脱植民地化との関係では，第二次世界大戦中の日本による
　　　占領から戦後の独立と新国際秩序形成（バンドン会議）に至る過程の記述。冷戦
　　　への主体的対応（中立主義，ベトナム戦争，開発独裁）の記述が参考になる。

23 冷戦下における日本の復興——高度経済成長の光と影

キーワード：55年体制，新安保条約，高度経済成長

佐久間俊明

1 序論・概要

本項では，「冷戦下における日本の復興」を主題に，1955年前後〜1970年代初めにかけての日本社会を取り上げる。キーワードをみれば分かるように，叙述の中心は日本にならざるを得ないが，世界史，とりわけ東アジア世界との関わりを意識して議論を進めていきたい。

『学習指導要領解説』には本項の主題について，次のように記載されている。「**日本の高度成長**については，ブレトン・ウッズ体制を基盤としながら近隣アジア諸国や北米へ輸出を伸ばし，内需を拡大させたことなどを通じて，日本経済が目覚ましい成長を遂げたことを扱う。さらに1960年代に先進諸国に共通する環境問題の一つとして公害などが浮上し，対抗文化（カウンター・カルチャー）の影響を受けながら，環境保護運動や消費者保護運動が芽生えたことにも触れる」（文部科学省『高等学校学習指導要領（平成30年告示）解説 地理歴史編』東洋館出版社，2019年，176頁，強調は原文による）。

上記解説のうち，「対抗文化（カウンター・カルチャー）」に関しては，「25 「豊かな社会」の中での抗議」で分析することにする。

「現代」との比較において，高度経済成長の時代はある種の懐かしさとともに回顧されることが多い。しかしながら，副題にも挙げたように「光と影」の両面から分析する必要があるだろう。

第Ⅲ部　グローバル化と私たち——歴史総合の分析 (3)

2　論点・課題

　本項の論点として重要な〈問い〉は，(1)「冷戦やアジアの紛争は，日本国内
の政治や社会にどのような影響を与えたのか」，(2)「高度経済成長の時代に，
日本と欧米・アジア諸国との関係はどのように変化したのか」，(3)「日本や欧
米諸国が高い経済成長を達成できた背景や要因は何か。また，急激な成長は社
会にどのような影響を与えたか」である。いずれも戦後史＝現代史の重要な論
点であり，すべての教科書で検討されている。

　(1)については，「55年体制」の成立が重要である。実教『詳述』では，西側諸
国の国内政治体制から叙述が始まり，保守政党と社会民主主義政党との政権交
代が繰り返されたと整理する。日本でも，「朝鮮戦争の休戦後に，東アジアの
冷戦の固定化に対応した政治勢力の結集がはかられた」と背景を説明した上
で，55年体制の成立に触れている (206頁)。世界史との関係を意識した叙述と
言えるだろう。55年体制は，いわば「冷戦の国内版」である。この間，自由民
主党は一貫して政権を担当したが，革新勢力も国会審議や春闘 (奇しくも1955年
に始まる) などの労働運動，革新自治体に代表される地方自治を通して一定の
政治的影響力をもつことができた。

　(2)については，(a)日本と欧米諸国との関係，(b)日本とアジア諸国との関係
に分けて検討する。(a)に関しては，1956年の日ソ国交回復と日本の国連加盟実
現がどの教科書でも取り上げられている。

　日米関係については，岸信介内閣による新安保条約締結と安保闘争に関して
各教科書とも条約・写真・当時の新聞を掲載しながら説明している。山川『現
代』では，大規模なデモが起こった背景として「岸の強引な手法には多くの人々
が反発し」た点を明確に指摘している (194頁)。また実教『詳述』は，安保闘争
の意義について，「条約は発効したものの，岸内閣が総辞職に追いこまれたた
め，これ以後，アメリカからの軍備増強の圧力はある程度弱まった」と述べて
いる (206頁)。

　一方，東書『詳解』は，緊密な日米関係のもとで大きな犠牲を強いられたの

23 冷戦下における日本の復興——高度経済成長の光と影

は，アメリカの統治下に残された沖縄だったと指摘した上で，沖縄の日本復帰
を，残された基地問題を含めて説明している（180-181頁）。

(b)に関しては，1965年の日韓基本条約締結と1972年の日中共同声明発表につ
いて各教科書とも触れている。日韓基本条約については，帝国『明解』はアメ
リカの仲介があったことを指摘し，その背景として「1960年代のアジアにおけ
るベトナム戦争などの冷戦激化を受け，アメリカは『反共』である日本と韓国
に連携を求めた」と記述している（162頁）。一方，日中共同声明については，
山川『近代』は，広大な中国市場に期待を寄せる日本の財界の強い要望があっ
たこと，また，中国側が国交回復を望んだ内外の事情を説明しているが（194
頁），歴史総合の教科書としては詳しすぎるように感じる。

(3)については，〈問い〉の設定から議論を始めたい。東書『詳解』は「日本と
欧米先進国の経済成長」という項目で，「日本や欧米諸国が高い経済成長を達
成できた背景や要因は何だろう」と問いかけている。欧米先進国と日本の経済
成長の共通性を重視しており，「各国の経済成長を主導したのは，技術革新と
内需の拡大だった」と説明している。技術革新と内需の拡大が日本だけに見ら
れた現象ではないことを強調した記述である（182頁）。一方，山川『近代』は「日
本の高度経済成長」という項目で，「日本は，1955年から70年代初頭まで高い
経済成長率を記録し，欧米諸国をはるかに上まわる経済成長を実現した」と記
した上で，「日本の高度経済成長はどのような背景のもとで成しとげられたの
だろうか」と問いかけている（195頁）。実教『詳述』の「冷戦下の東西両陣営は，
軍備拡大競争にとどまらず，より高い経済成長と豊かさを2つの体制の間で競
いあうことになった」との記述も踏まえると（207頁），山川『近代』の〈問い〉
は一国史的との印象を受ける。

高度経済成長の負の側面に関しては，各教科書とも従来の教科書と比べて変
化は乏しい。山川『現代』は，『学習指導要領解説』を踏まえて，消費者運動と
環境保護運動を取り上げているが，語句の列挙にとどまっており，生徒にその
内容・意義が伝わる記述にはなっていない（195頁）。改訂時により充実した叙
述になることが期待される。

155

第Ⅲ部　グローバル化と私たち──歴史総合の分析(3)

3　現代との対話

　ここでは高度経済成長の時代の負の側面・残された課題を検討しておきたい。
　東書『詳解』が指摘しているように，冷戦を背景に日米両国は緊密な関係を
築いたが，そのもとで大きな犠牲を強いられたのは沖縄である（180頁）。同書
の第2章4節「国際秩序の変化や大衆化と現代的な諸課題」の「対立・協調」で
は戦後の米軍基地問題が取り上げられている。「現代において，アメリカ軍（米
軍）基地が世界各地に点在しているのは，どのような歴史的経緯によるのだろ
うか」という〈問い〉が提出されている。この項目では沖縄の米軍基地問題の
経緯だけではなく，韓国済州島の第2空港反対問題も取り上げられており，米
軍基地問題を世界史の文脈で検討する姿勢が示されている（152-153頁）。
　日韓基本条約は結ばれたが，韓国との請求権問題はいまだ解決せず，現在も
朝鮮民主主義人民共和国との正式な国交がない。山川『現代』には，「大阪市生
野のコリアタウン」の写真が掲載され，「在日韓国・朝鮮人の多くは，植民地
支配下の朝鮮半島から日本本土に渡り，戦後も外国人とされながら日本にとど
まった人々である。彼らはきびしい社会的差別にあい，また故郷が韓国と北朝
鮮に分断されるなかで，日本社会を生き抜いてきた」とのキャプションがある
（198頁）。彼らにとって高度経済成長の時代を生きることは，どのような経験
だったのだろうか。その経験は，高度経済成長の時代を逆照射するのではない
か。併せてヘイトスピーチにみられるように在日韓国・朝鮮人への差別が，現
在において解決していないことも強調しておきたい。
　高度経済成長の時代には，家庭用電気機器が広く普及し，団地生活が人々の
あこがれとなった。帝国『明解』には「一億総中流社会から生まれる文化」とい
う特集ページが掲載されている（167-168頁）。しかしながら，団地に象徴され
るこの時代の「近代的な生活」は，男女性別役割分担を自明のものとする「家
庭」を前提にするものだった。この点については各教科書とも批判が弱い。

156

4　資料分析

　ここでは論点に関わる特徴的な資料を取り上げて検討する。

　日米関係については，「新日米安保条約の調印（1960年）」の写真とキャプションが面白い（東書『詳解』180頁）。写真には新安保条約に署名する岸信介首相と，その様子を腕組みしながら見つめるアイゼンハワー米大統領が写っており，日本がアメリカのジュニアパートーナーであることが読み取れる。また，キャプションでは岸の戦前の履歴と戦後にＡ級戦犯被疑者として逮捕されたことを記した上で，「冷戦は日本とアメリカの関係の関係をどう変化させたのだろうか」という〈問い〉が提起されている。岸は日米関係の変化を象徴する人間として位置づけられている。

　日韓関係については，山川『現代』に「ケネディ大統領の日韓国交正常化要求（1961年 6 月）」が掲載され，「なぜアメリカは日本と韓国に国交正常化を求めたのだろうか」という〈問い〉が提出されており（198頁），日韓国交正常化の背景にアメリカの影を見ることができる。

　高度経済成長については，山川『現代』が「昭和31年度『経済白書』」を引用した上で，「『経済白書』は『もはや戦後ではない』というフレーズで，人々にどのような危機感を訴えたかったのだろうか」との〈問い〉を提起している（193頁）。一般的に明るいイメージで紹介される「もはや戦後ではない」を揺さぶる問いかけである。また東書『詳解』は，「国内総生産（GDP）成長率の国際比較」と「各国の一人あたり実質GDP」のグラフを掲載している。フランス・西ドイツ・イギリス・アメリカ・ソ連・日本が比較されており，前者のグラフからは欧米先進国とソ連でも経済成長が見られたことが読み取れる。一方，後者のグラフからは高度経済成長が終わった1973年の段階でも日本はアメリカ・フランス・西ドイツ・イギリスに次ぐ第 5 位であり，この期間にソ連しか抜くことができなかった（182頁）。このグラフからは高度経済成長が豊かさを本当にもたらしたのかという〈問い〉が浮上する。

第Ⅲ部　グローバル化と私たち——歴史総合の分析(3)

5　結論・考察

本項は，ともすれば一国史的な叙述になりがちなところだった。しかし，こ
れまで分析してきたように，不十分な点はあるものの，教科書は世界史との関
わりの中で高度経済成長の時代を描き出そうと試みている。

また，複数の教科書を検討したことにより，残された課題や通説の修正を迫
る資料を確認することができた。高度経済成長をある種の懐かしさともに回顧
する浅薄な歴史認識を退け，新たな〈問い〉を立てることができるだろう。

全体を通じては，高度経済成長の「負の側面」についての分析が十分ではな
い点に不満が残る。『学習指導要領解説』に示された環境保護運動や消費者保
護運動に関して，資料と〈問い〉が提示されていれば，この時代をより深部か
ら捉えることが可能になるはずだ。

📖ブックガイド

荒川章二『豊かさへの渇望——一九五五年から現在 (全集日本の歴史16)』小学館，
　　2009年。
　　＊1955年〜2000年代を対象に，「戦後社会」の歴史を社会的側面を重視しながら描く。
国立歴史民俗博物館・安田常雄編『歴博フォーラム　戦後日本の大衆文化』東京堂出
　　版，2010年。
　　＊国立歴史民俗博物館「総合展示第6室〈現代〉」についてのフォーラムの記録と展
　　示解説から構成される。「戦後日本」を大衆文化という視角から分析した点に本書
　　の特徴がある。なお，国立歴史民俗博物館「総合展示第6室〈現代〉」は，展示と
　　いう手法で戦後日本社会を描いている。
武田晴人『高度成長 (シリーズ日本近現代史8)』岩波書店 (岩波新書)，2008年。
　　＊高度経済成長の時代を描いた通史。「もはや『戦後』ではない」の解釈など随所に
　　鋭い指摘がみられる。
安田常雄編『シリーズ戦後日本社会の歴史 (全4巻)』岩波書店，2012〜13年。
　　＊「戦後日本社会」を20世紀史のなかに置き直し，それを相対化・対象化すること
　　を目指した論集。大門正克ほか編『高度成長の時代 (全3巻)』(大月書店，2010〜
　　11年) と併せて読むとより理解が深まる。
吉川洋『高度成長——日本を変えた六〇〇〇日』中央公論新社 (中公文庫)，2012年 (初
　　出1997年)。
　　＊歴史上の一大ジャンプとでも呼びうる高度成長を，時代の空気も含めて活写する。

24 地域統合——国境線を維持したままの一体化

キーワード：EC, EU, ASEAN, APEC, NAFTA, MERCOSUR

板倉孝信

1 序論・概要

　本項では「地域統合」をキーコンセプトとして，EC（ヨーロッパ共同体）・EU（ヨーロッパ連合）・ASEAN（東南アジア諸国連合）・APEC（アジア太平洋経済協力会議）・NAFTA（北米自由貿易協定）・MERCOSUR（南米共同市場）をキーワードとして，20世紀後半の欧州・アジア・アメリカなどにおける政治・経済・社会の一体化に関する教科書分析を行う。地域統合に関しては，本項以外で本格的に扱う項目が存在しないため，本来の守備範囲である20世紀後半以外にも，必要に応じて言及する。ただし軍事同盟の性格が強い統合主体（NATOなど）に関しては別項で取り扱うため，本項では対象外とする。またキーワードに含めなかったが，アフリカの統合主体であるOAU（アフリカ統一機構）・AU（アフリカ連合）や，太平洋の貿易協定であるTPP（環太平洋パートナーシップ）・CPTPP（TPPに関する包括的及び先進的な協定）は本項の対象とする。

　副題でも明示したように，本項で扱う地域統合は，従来の主権国家の枠組を残しつつ，地域内で政治・経済・社会の一体化を促進するものであり，各国の自律性と地域の統合性の均衡を保つことが不可欠である。本項ではこの認識を前提として，地域統合が国際社会で果たしてきた役割と現在抱えている課題を中心に分析を進めたい。

2 論点・課題

　「地域統合」と一口に言っても実際の状況は多種多様であり，すべての事例

第Ⅲ部　グローバル化と私たち——歴史総合の分析(3)

を一括りに扱うことは困難であるため，一定の基準を設けることが効果的である。たとえば経済統合はその度合により，(1)自由貿易協定，(2)関税同盟，(3)共同市場，(4)経済同盟，(5)完全統合の５段階に分類するのが一般的である（ベラ・バラッサ〔中島正信訳〕『経済統合の理論』ダイヤモンド社，1963年）。伝統的な分類方法であるため，必ずしも現在の地域統合の実情に即していると言えないが，それぞれの事例を比較して相違点を明らかにする上で，ある程度の効果は期待できる。キーワードで提示した６つの国際機構や貿易圏をこの５段階で分類すると，EUが(4)と(5)の中間，ECが(3)と(4)の中間，MERCOSURが(2)，NAFTA・ASEANが(1)，APECが(1)に至る過程にあると考えられる。しかし本書で主な分析対象とする５点の歴史総合の教科書のうち，地域統合の主体同士を比較する試みをしているのは１点のみである（山川『現代』230-233頁）。当該分野は用語を暗記することに終始しがちなため，比較の視座を明示することが理解や思考には肝要である。

　地域統合に関する記述は，４頁の独立項目が２つ設置されている山川『現代』を例外とすれば，どの教科書も時代・地域別に分散して盛り込まれており，「地域統合」のテーマ全体を見通しにくい構造となっている。山川『近代』と東書『詳解』は，記載箇所が分散しているが，２〜３頁分で一定の説明はなされている。しかし実教『詳述』と帝国『明解』では，用語として各主体の名称を羅列した上で，それぞれに簡単な説明を施すに留まっており，これだけで各主体の特徴と相違が理解できるかは疑わしい。特に実教『詳述』に至っては記述箇所も１頁分しかなく，他項目の特集に多くの頁を割いている点と比較すると，その扱いは軽い（実教『詳述』220，229-30頁）。また帝国『明解』も記述は1.5頁にすぎないが，「(19) 20年代のヨーロッパでは，今日のEUにつながるパン＝ヨーロッパ主義の考え方も生まれた。」との言及もあり，戦間期思想と欧州一体化の関係を指摘している点では興味深い（帝国『明解』114頁）。

　戦後世界における地域統合の本質は，当該地域での紛争抑止と経済発展のため，各国が主権を保ちつつ政治・経済・社会の一体化を進める点にあり，どの教科書のどの主体に関する記述でも指摘されている。しかしそれは同時に，国家間での政治・経済・社会の軋轢や摩擦を必然的に生み出すが，そうしたネガ

24　地域統合——国境線を維持したままの一体化

ティブな側面に触れている箇所は限定されており，記述の少ない教科書ほどそうした指摘も少ない。山川『近代』のECに関する記述には，「経済統合には市場拡大など大きなメリットがあったが，一方では主権の行使が制限されるというデメリットもあった」とあり，地域統合による主権制約の可能性に触れている（山川『近代』184頁）。また山川『現代』のEUやNAFTAに関する記述では，安価な製品流入，産業の国外移転，移民の大量流入により，中低所得者が地域統合への反発を強めている点に言及している（山川『現代』231頁）。こうした地域統合の持つ「負の側面」も取り扱うことが，生徒達の現実的理解を深めることになるだろう。

3　現代との対話

　21世紀に入って地域統合は新たな局面を迎えており，各地域で政治・経済・社会の一体化が加速する一方で，それに対する反作用として，統合の深化に反発する動きも目立つようになった。その後者の象徴的な事例が，Trexit（アメリカのTPP離脱／2017年）とBrexit（イギリスのEU離脱／2020年）であり，地域統合はまさに岐路に立たされている。近年に見られるこうした独自路線の背景には，戦後に進められてきた地域統合の歴史が必ず存在しており，それらを理解することなくして，現在の問題を論じることはできない。ニュースで流れてくる時事問題を足掛かりに，その背後にある歴史を遡及的に学んでいくという姿勢が，地域統合への関心を高めることにつながるであろう。

　また近年は上記のような主要国離脱だけでなく，地域統合主体の再編も進んでおり，それらは教科書でも言及されている。まずTrexitに関する影響として，アメリカを除くTPP参加国で締結した多国間貿易協定である，CPTPP［2018年発効］が挙げられる（東書『詳解』205頁，山川『現代』233頁）。またTrexitと同様に，アメリカのトランプ政権による独自路線として，NAFTAより管理貿易傾向を強めたUSMCA（米墨加協定）［2020年発効］も挙げられる（山川『現代』232頁）。さらにASEAN加盟国が単一経済圏を目指したAEC（ASEAN経済共同体）［2015年発足］も挙げられる（帝国『明解』188頁）。2010年代に見られた上記の

161

第Ⅲ部　グローバル化と私たち——歴史総合の分析(3)

ような地域統合主体の変化は，統合の拡大・深化に向かうとは限らず，むしろ統合の縮小・後退に向かう場合もあったが，主体自体の安定性が回復したことで，かえって統合破綻のリスクは低下したとも言えよう。

　本項のキーワードに含めていないが，多くの教科書で言及されているのは，OAU［1963年発足］（実教『詳述』200頁，東書『詳解』175頁，山川『近代』187頁，山川『現代』173・187・231頁）と，AU［2002年発足］（実教『詳述』229，帝国『明解』164頁，東書『詳解』175頁，山川『近代』225頁，山川『現代』237頁）である。OAUの後身に相当するAUは，55ヵ国・14.5億人（2023年時点）に及ぶ世界最大の地域統合主体で，EUの27ヵ国・4.5億人（2023年時点）を遥かに凌駕する規模である。AUにはソマリランドを除く全アフリカ諸国が加盟しており，2050年には人口が24億人に達する予測であるため，今後は国際社会での存在感をますます高めていくと考えられる。

　前述したように，地域統合主体より軍事同盟の性格が強いNATOなどの扱いは別項に譲るが，OAUとAUは両方の性質を兼ね備えているため，本項ではその点に言及しておく。山川『現代』では「アフリカ統一機構がもつことになった限界について下線部（国家の国内問題への不干渉）に注目してあげてみよう」という問いが出されている（山川『現代』187頁）。OAUは各国の内政不干渉を重視したため，コンゴ動乱やビアフラ戦争（ナイジェリア）に介入できなかったが，AUは各国の内戦にも積極的に介入し，PKFやEUと協力してダルフール紛争やソマリア内戦に平和維持軍を派遣した（山川『現代』237頁）。ただアフリカの地域紛争は依然終息しておらず，AUの介入にも当然限界があるため，統合主体が地域平和に果たす役割は限定的と言わざるを得ない。

4　資料分析

　地域統合の対象時期は第二次大戦後であるため，資料としては(1)写真，(2)絵画，(3)図表，(4)文書の4種類が存在する。「2　市民革命と産業革命」の項目でも前述したが，資料の目的としては，(A)ビジュアルを用いて理解を深めるため，(B)具体例からイメージを鮮明にするため，(C)比較・検証を通じて思考を促

24 地域統合──国境線を維持したままの一体化

すための３つが考えられるが，本項では(A)の比重が重い。特に多くの教科書で
共通して見られるのは，(3)の地図・グラフである。

　まずECSC（ヨーロッパ石炭鉄鋼共同体）・EEC（ヨーロッパ経済共同体）・EC・
EUの各機構での加盟国増加は，すべての対象教科書に地図で示されており，
欧州統合の進展が窺える（実教『詳述』229頁，帝国『明解』186頁，東書『詳解』185頁，
山川『近代』184頁，山川『現代』185頁）。またASEANの加盟国増加についても，
多くの教科書に地図で示されており（実教『詳述』220頁，東書『詳解』185頁，山川『現
代』186頁），1970年代以降のASEAN加盟国の顕著な経済成長についても，
GDPや経済成長率のグラフで表現されている点から，アジア経済統合の効果が
見られる（帝国『明解』175頁，東書『詳解』209頁，山川『近代』209頁，山川『現代』206頁）。
さらに，EU・ASEAN・NAFTA・MERCOSURの経済規模についても，人口・
GDP・貿易総額などの数値を用いて比較しており，世界経済への影響力が分
かる（山川『近代』219頁，山川『現代』230-231頁）。2020年のBrexitに関しては，
歓喜する賛成派（東書『詳解』209頁）と落胆する反対派（帝国『明解』193頁）のイギ
リス国民の写真が掲載されており，対照的で興味深い。

　山川『現代』は地域統合に関する記述が充実しており，他の教科書にない資
料が多く掲載されている。まず史料としては，ECSCを提唱して欧州統合の端
緒を作ったシューマン・プランや，イギリスのキャメロンがトルコのEU加盟
を支持した演説が抜粋されており，欧州一体化の軌跡を辿ることができる（山
川『現代』185頁）。またフランスのド・ゴールがイギリスのEC加盟を妨害した
風刺画や，イギリス人の帰属意識が欧州より自国に偏っているグラフも示され
ており，近年のBrexitの史的背景を示唆している（山川『現代』184頁）。さらに
ユーロ硬貨の表面が共通で，裏面が各国独自のデザインとなっている写真を掲
載し，ユーロ通用国の共通性と独自性を象徴するものとしている（山川『現代』
230頁）。2015年にドイツが大量の難民を受け入れた結果，国内で反対運動が発
生したことをグラフと写真で示し，ヒトの自由な移動への反発を表している
（山川『現代』232頁）。

163

第Ⅲ部　グローバル化と私たち——歴史総合の分析(3)

5　結論・考察

　今後も地域統合は挫折や停滞を経験しつつも，拡大・深化を遂げていくことは疑いないが，政治・経済・社会の完全統合を達成し，国境線をなくすことは容易でない。現時点で統合が最も進んでいるのはEUであるが，経済統合の進展と比較し，政治・社会統合の困難は明らかであり，Brexitの事例から見ても，加盟国間の合意形成は慎重に行う必要がある。また地域ごとに実情も異なるため，EUを模倣すれば成功するとは限らず，ASEANのようにEUより緩やかな速度で統合を進めることで，一定の成果を出している事例もある。さらにUSMCAのように，自由貿易協定としては前身のNAFTAより一歩後退したものの，依然としてGDPでEUを凌ぐ巨大な統合主体もあり，EUは絶対的なモデルではない。こうした事情は教科書の記述から推し量れない部分であるため，量・質の双方から統合主体を比較し，その視座を生徒達に示す必要があるだろう。

📖ブックガイド

益田実・山本健編著『欧州統合史——二つの世界大戦からブレグジットまで』ミネルヴァ書房，2019年。
　＊戦後の欧州統合の軌跡について，制度発展・共通政策・加盟国拡大から統合史を振り返りつつ，Brexit・ユーロ危機・難民問題から現在の問題点を描いている。
池本大輔・板橋拓己・川嶋周一・佐藤俊輔『EU政治論——国境を越えた統治のゆくえ』有斐閣，2020年。
　＊欧州統合の歴史的展開を振り返りつつ，現在のEUの複雑な政治制度や政策過程を丁寧に説明している概説書。各国政治との関係性やEUの正統性にも詳しい。
羽場久美子編著『アジアの地域統合を考える——戦争をさけるために』明石書店，2017年。
　＊米中のパワーバランスに影響を受ける東アジアにおいて，加速するグローバル化と地域統合を描いている。アジア諸国の学術・文化交流にも言及している。
吉野文雄『ASEAN経済共同体』唯学書房，2023年。
　＊ASEANが多くの矛盾を抱えながら，地域統合を維持してきた理由を明示している。AFTA・AECやTPPとの関係性やEUとの相違点にも触れている。

25 「豊かな社会」の中での抗議——「1968年」のインパクト

キーワード：公民権運動とベトナム反戦運動, 対抗文化, エコロジー, フェミニズム

佐久間俊明

1 序論・概要

　近年，「1968年」を中心とする社会運動研究が活発化している。その代表的な成果としては国立歴史民俗博物館「企画展示「1968年」―無数の問いの噴出の時代―」（会期：2017年10～12月）と特集「〈1968〉」（『思想』岩波書店，2018年5月号）を挙げることができる。後者に寄稿した安田常雄は1968年前後の約10年について，次のように述べている。「それは東西冷戦体制が動揺し，環境破壊を内包する経済成長神話も問われはじめ，20世紀における世界史的な転換点を象徴する時代であった。こうした疑いは，世代間の対立を含みながら，新しいライフスタイルの実験として世界の各地に噴出していった。そして異議申し立ての結節点におかれていたのは，ベトナム戦争だった」。一方で安田は，板垣雄三の議論を紹介しながら，「1968年」言説自体が，欧米中心の世界観であるという批判の重要性を指摘している（安田常雄「思想の言葉――「1968年」は民衆生活（思想）とどのように交錯するか」『思想』2018年5月号，2頁）。

　本項は，「『豊かな社会』の中での抗議」をキーコンセプトに，「1968年」研究を踏まえた教科書記述を分析する。具体的には多様な社会運動を紹介しながら，近代的な価値観が問い直されていく過程を検討する。また，「1968年」は現代史における転換点の1つであり，そのインパクトも併せて検討したい。

　教科書は，「1968年」研究を積極的に援用しているもの（実教『詳述』・山川『現代』・東書『詳解』）と，そうではないものに大別できる（山川『近代』・帝国『明解』）。本項では前者の教科書に限定して分析することをあらかじめお断りしておきたい。

第Ⅲ部　グローバル化と私たち——歴史総合の分析(3)

2　論点・課題

　キーコンセプトに関わる主要な論点は，「経済の高度成長がみられ，『豊かな社会』になったはずの1960年代の欧米や日本で，なぜ抗議の運動がこれほどさかんになったのだろうか」(実教『詳述』211頁)，「先進諸国では，経済成長によって『豊かな社会』になるなかで，どのような価値観の変容が生じたのだろう」(東書『詳解』188頁) である。

　キーコンセプトに関して，最も包括的に記述しているのは東書『詳解』である。「問い直される近代」(188-189頁) という項目では，「経済成長を達成した先進諸国では1960年代末，物質的な豊かさをはじめとして，近代的な価値観が問い直されるようになった」との一文から始まり，公民権運動とベトナム反戦運動について言及する。ベトナム反戦運動の中から対抗文化としてのヒッピー文化が生まれたこと，同時代にアフリカ系アメリカ人としての固有の文化や価値を再評価しようとする動きやウーマン・リブが起きたことを紹介している。

　このような動きは，相互に共鳴しながら欧米諸国や日本に広がり，フランスでは「五月革命」が発生し，日本では「ベ平連」に象徴されるベトナム反戦運動や公害反対運動が展開された。社会運動の高まりを背景に，革新自治体が成立したことにも言及している。コラム「在日韓国・朝鮮人と共生社会」では，「ある大手電機メーカー」(日立製作所) の就職差別裁判を取り上げている点がキーコンセプトとの関係で注目される。

　特集では，「女性と近代」(190頁) はウーマン・リブが台頭した背景や冷戦後のフェミニズム運動を説明している。「歴史としてのビートルズ」(191頁) は，彼らの出身地リヴァプールが奴隷貿易で繁栄した港町であることから説明を始め，1960年代の若者文化に大きな影響を与えたことが紹介される。1965年，ビートルズはエリザベス2世から勲章を授与されるが，身分社会が根強く残存する当時のイギリスでは，労働者階級出身の者のロック・グループが授与されるのは前代未聞であり，既存の受勲者から抗議のための返納が相次いだという。近代的な価値観を揺さぶる象徴的な事例の一つだといえよう。

25 「豊かな社会」の中での抗議──「1968年」のインパクト

　山川『現代』は，「東西両陣営の動向と1960年代の社会」という節の中に，《差別反対運動》と《1968年》という小見出しを設定している（178-179頁）。前者では歴史的経緯に触れながら，「差別に反対する運動」という括りで，植民地独立運動の他に女性解放運動（フェミニズム）や公民権運動などを紹介している。運動の意義について，「生まれつきもっている属性にもとづく差別の否定は近代化の構成要素であるため，これらの運動は近代化が積み残してきた課題の解決を求めるものであった」と整理している。

　後者については，「1960年代は，世界各地で『青年の反乱』があいつぐ時代でもあった」と整理され，本文ではアメリカのベトナム反戦運動とフランスの五月危機を紹介している。東書『詳解』とは異なり，差別反対運動と「1968年」の連関に触れられていない。また，後者の叙述はフランスの五月危機（五月革命）に焦点が当てられているため，写真「日本のベ平連などの運動」が掲載されているとはいえ，「1968年」の世界的共時性が生徒に伝わる構成になっていない。この点は教員が授業で補足する必要があるだろう。

　実教『詳解』は，「57　米ソ両陣営の動揺」（204-205頁）でベトナム反戦運動と公民権運動に言及し，コラム「若者たちと対抗文化」でカウンターカルチャーについて紹介している。このほかに「Active　歴史を資料から考える」では「1968──『豊かな社会』でおこった『異議申し立て』」と題して「1968年」を正面から取り上げている（210-211頁）。高校生の「私」（2005年生まれ）と，その「父」（1973年生まれ）や「祖母」（1948年生まれ）との会話が秀逸である。「①『豊かな社会』なのになぜ？」では，「豊かになったのに，なぜ暴動がおきたの？」という私の質問に対し，祖母は「デモや抗議は暴動じゃない」と指摘したうえで，物価上昇や満員電車，女性の大学進学率がまだ1割程度だったことなどを挙げて，「これが本当の豊かさなのか」と当時感じた素朴な疑問を述べている。「②反戦運動はなぜひろがった？」では，祖母は「ベトナム反戦が大きかった」こと，自分の親が北爆やゲリラ戦の実際をテレビでみて，自分たちの体験を思い出したと語っている。そして，ビートルズが流行していたことに触れ，運動の中でフォークソングや反戦の歌を歌っていたという。対抗文化に触れているだけでなく，「祖母の親が思い出していた体験とは何か」という〈問い〉を生徒に

第Ⅲ部　グローバル化と私たち——歴史総合の分析(3)

投げかけており，戦争体験を含みこんだ「1968年」の歴史的重層性を感じ取ることができる。「③「市民」とはだれか？」では「大泉市民の集い」(朝霞基地一周デモ, 1969年)の写真を取り上げている。私の「ばあちゃんはデモ，怖くなかった？」，「この大泉市って何県にあるの？」という素朴すぎる質問に対し，祖母はべ平連や当時の「市民」の中にベトナム戦争に加担しているという意識がみられたこと，日本がアジアで戦争をしたことが議論になったことを説明している。ここでは深められていないが，ベトナム戦争が日本の加害責任を問い直す契機となったことは重要である。会話を受けて，「当時，『市民』はどのような意味で使われていたのか」，「日本はベトナム戦争とどのように関係していたのか」という〈問い〉が提起されている。

3　現代との対話

「1968年」は約半世紀前の出来事であり，「現代」との比較からその歴史的意義を議論するのはまだ早いようにも感じる。

実教『詳述』は，前述の「Active」の最後に「④その後に何を残したか？」と題した会話を掲載している。父は学生運動を起源とするドイツの「緑の党」に言及し，祖母は「アジアに対する見方が変わったり，女性が自分らしい生き方を主張するきっかけになった」と語る。アジアに関しては，ベトナム反戦運動に参加していた鶴見良行が，その後アジアと日本の関係をみつめ直すようになって書いた本として『バナナと日本人——フィリピン農園と日本の食卓のあいだ』(岩波新書, 1982年)が紹介・引用されている (211頁)。

東書『詳解』は，「1968年」の影響として，「緑の党」について次のように言及している。「西ドイツでは，1980年に全国政党として結成された緑の党が，エコロジーをはじめフェミニズムや反戦平和など1968年に象徴される新しい社会運動をとりこんで発展した。その政治的な影響力は，福島第一原子力発電所の事故ののち，ドイツが脱原発を進める一つの背景となった」。また，在日韓国人・朝鮮人との共生に向けた取り組みが進められてきたこともコラムで指摘されている (189頁)。

168

4 資料分析

本項で取り上げた3つの教科書では,「1968年」に関して様々な資料が掲載されている。その中で筆者が一番取り上げたい資料は,実教『詳述』の「STEP UP 世界のなかの米軍基地と沖縄」(208-209頁)に掲載されているビラである(「基地内の黒人から沖縄の人びとへのアピール」)。この日英両文のビラは,1970年12月に起こったコザ騒動に対して連帯を表明するためにつくられたものである。

「私たちがオキナワにやってきたのは黒人自身による選択ではありません。我々黒人の祖先はオキナワ人と同様,強制的に外国との戦争にかり出されました。黒人はまた,オキナワと同様,解放のために長い間闘ってきました。誰があなたの権利獲得を止めることができるでしょうか!/オキナワ人と同様,黒人たちは差別されてきたのです。/黒人兵は,抑圧された人々が連携してより良い関係を作るために,喜んでオキナワ人と話し合いたいと思っています。私たちは共通点を多く持っているのですから。」

1960年代後半,ベトナム戦争の重要な出撃拠点だった沖縄には,公民権運動を経験した黒人兵士がいた。アメリカ国内の人種差別が基地の中でも起こっており,沖縄の人々に共感する声が黒人兵士から上がったのである。ここには越境する社会運動,「1968年」の世界的共時性を見ることができる。歴史総合を象徴する資料ではないか。

5 結論・考察

東書『詳解』・山川『現代』・実教『詳解』は,いずれも「1968年」研究を反映した叙述になっていることが分かった。世界史と日本史との関わりが鮮明になっているところであり,現時点における歴史総合教科書の一つの到達点と評価できる。

しかし一方で,山川『近代』・帝国『明解』のように,「1968年」研究を十分に

第Ⅲ部　グローバル化と私たち——歴史総合の分析(3)

反映していない教科書もみられた。これは「1968年」の影響が現在進行形であり，歴史的に対象化することが難しいことの現れともいえる。

「1968年」は現代史における転換点を象徴する時代ではあるが，それがいかなる「転換点」だったのか。「この時代の抗議や批判の試みは，いまにどのような影響を残しているか」(実教『詳解』211頁)。これらの〈問い〉に答えるためには，まだ「時間」が必要なのではないか。

📖ブックガイド

西田慎・梅崎透編著『グローバル・ヒストリーとしての「1968年」——世界が揺れた転換点』ミネルヴァ書房，2015年。
 ＊グローバル・ヒストリーの観点から，「1968年」を描く。ベトナム反戦，第三世界，文革，5月革命，プラハの春，学園紛争，サブカルチャーといった視点から20世紀の転換点を分析している。
油井大三郎『平和を我らに——越境するベトナム反戦の声(シリーズ日本の中の世界史)』岩波書店，2019年。
 ＊史上最も国際連帯の進んだ運動であったベトナム反戦運動を，半世紀後の現在から振り返り，その世界史的意義と可能性を考える。
櫻澤誠『沖縄現代史——米国統治，本土復帰から「オール沖縄」まで』中央公論新社(中公新書)，2015年。
 ＊戦後沖縄の歴史を学ぶ際に，最初に手に取ってほしい本である。新崎盛暉『沖縄現代史[新版]』(岩波新書，2005年)と併せて読むことを勧める。
松岡完『ベトナム戦争——誤算と誤解の戦場』中央公論新社(中公新書)，2001年。
 ＊ベトナム戦争の全体像をコンパクトに描いており，「1968年」の時代背景を理解する上でも有益である。
姫岡とし子『ジェンダー史10講』岩波書店(岩波新書)，2024年。
 ＊一部の歴史総合の教科書には1960年代におけるウーマン・リブや女性解放運動(フェミニズム)についての言及がある。「1968年」は女性史研究やジェンダー史研究を活性化させた。ジェンダー史研究の成果を教科書にいかに反映させるかという論点は残された課題だろう。

26　社会主義陣営の動揺——多極化の進展

キーワード：中ソ対立（中ソ国境紛争），文化大革命，「プラハの春」，ブレジネフ・ドクトリン（制限主権論）

杉 山 精 一

1　序論・概要

　本項では「社会主義陣営の動揺」と題して，キーワードに「中ソ対立」や「文化大革命」，「プラハの春」，「ブレジネフ・ドクトリン」を掲げる。これらの時系列上の成り行きは，ソ連でのスターリン批判に端を発したフルシチョフの平和共存の選択と，社会主義の路線の違いから起こる中ソ対立，中国独自の社会主義建設から毛沢東復権のためのプロレタリア文化大革命，フルシチョフ失脚からブレジネフが「制限主権論」を振りかざして「プラハの春」へ，という流れである。

　しかし，この内容をどのように説明するかという点に関しては，各教科書とも見解が分かれている。たとえば，ソ連の動きと中国の変化を分けて配列する教科書（帝国『明解』，山川『現代』）と，順は違えども合わせて「社会主義陣営の変化」，あるいは「東側陣営の変化」として配列する教科書に分かれている（東書『詳解』，実教『詳述』，山川『近代』）。ここに編者の狙いや意図を見ることもできるだろう。

2　論点・課題

(1)ソ連共産党政権の変化はどのような結果を引き起こしたか

　スターリン死去後，フルシチョフはアメリカとの平和共存路線を選択しながらも，東欧諸国に対しては，ポーランドやハンガリーの暴動への態度のように

第Ⅲ部　グローバル化と私たち——歴史総合の分析(3)

強権的な姿勢を維持した。しかし，平和共存路線は中国との対立を生んで，中国ではソ連とは異なる社会主義を模索していくことになる。国内政治の失政の責任を問われてフルシチョフが失脚すると，代わってブレジネフが共産党書記長に就任した。

　1968年，チェコスロヴァキアでドプチェク指導による民主化と経済改革の動き（「プラハの春」）が起こった。ブレジネフは，ワルシャワ条約機構軍を投入してこれを崩壊させ，社会主義の脅威に対しては社会主義諸国の主権を制限し，場合によっては軍事力の行使も辞さないという「制限主権論」，いわゆる「ブレジネフ・ドクトリン」で正当化する。こうしたソ連の帝国主義的な動向は中国の警戒を呼び，翌年（1969年）の中ソ国境紛争に至るのである。

(2)中ソ対立の結果はどのようなものであったか

　もともと中国は，ソ連の「スターリン批判」以後，独自の社会主義建設へと舵を切っていたが，「プラハの春」における「ブレジネフ・ドクトリン」を「社会帝国主義」と呼び，警戒をさらに強めた（山川『現代』は190頁に中国『人民日報』が，ソ連を「社会帝国主義」と呼び，批判している箇所を掲げる）。

　教科書の中では，東書の『詳解』がソ連・中国の動きを，中ソ対立，文化大革命，プラハの春，ニクソン訪中とコンパクトにまとめている。また，同一頁に「ブレジネフ・ドクトリン」の紹介も加え，配慮が行き届いている。

　独自の社会主義国建設を目指した中国の指導者毛沢東は「大躍進政策」を開始するが，「非科学的な計画に依拠したこの政策は大失敗に終わり，……毛沢東は国家主席から退き，劉少奇のもとで部分的な市場経済の復活などがはじまった。……しかし，毛沢東は権力の奪還をはかり，1966年にプロレタリア文化大革命を開始した」（実教『詳述』205頁）。『毛沢東語録』を掲げ，社会主義の敵として知識人批判を繰り広げる紅衛兵たちの写真を掲載する。

　しかしながら，政権上層部は密かにアメリカとの接近を図っていた。中国は文化大革命で混乱する一方，ソ連との対立も激化していた。ベトナム戦争の処理に苦しむアメリカにとっても，ソ連と対立する中国は近づきやすい国となっていたのだ。こうした両国の思惑が，1972年のアメリカ大統領ニクソン訪中へつながるのである。

172

26 社会主義陣営の動揺——多極化の進展

3 現代との対話

(1)文化大革命の問題点

　文化大革命の現代における評価は，大躍進政策の失敗によって失脚した毛沢東が，若者を煽動して劉少奇や鄧小平などの政府首脳に打撃を与え，権力の奪還を図ったというところであろう。このねらいは半ば成功したが，紅衛兵と呼ばれる若者たちは暴走し始め，知識人を資本主義を志向する反革命分子として批判し，直接的な暴力へとエスカレートしていった。多数の死傷者が出，多くの若者が再教育の名のもとに農村へ下放された。「反抗は正義である」(造反有理) や「革命のための行為は免責される」(革命無罪) などの言葉を振りかざし，暴力に走る若者たちの姿は一部の宗教的狂信者に似通っている。一方で，その発端を作った毛沢東は，若者たちの暴走が制御できないことを知ると人民解放軍に鎮圧を命じるという，古今の権力者にありがちな姿を示した。このことからわれわれは何を学ぶのだろうか。

　現代ならば「毛沢東チルドレン」とでも呼ばれるであろう紅衛兵たちの熱狂を伝えるように，各教科書は『毛沢東語録』を掲げる若者たち群衆の姿を掲載する。その中で，山川『現代』だけ，黒竜江省の省長が学生たちによって丸刈りにされるシーンを掲載している (山川『現代』191頁)。「熱狂は盲目を生む」実例を見せられている気持ちになる。しかし，これは文化大革命という特殊な環境が生み出した特別な事例だろうか。多数の暴力で屈辱を与える。まさにイジメの構図である。「現代との対話」の格好の事例だと思う。

(2)米中和解は，社会主義の変容の一つの帰結か

　ソ連ではスターリンの死後，フルシチョフらによる「スターリン批判」が起こり，アメリカとの関係改善を進めた。共産党改革や農業政策の失敗によってフルシチョフが失脚 (1964年) すると，代わって指導者となったのはブレジネフであった。彼は，それまでの非スターリン化の動きを抑え，共産党体制の強化に取り組まなくてはならなかった。そうしたなか，チェコスロヴァキアでは「プラハの春」と呼ばれる民主化改革が起こり，ソ連・東欧の社会主義体制の

第Ⅲ部　グローバル化と私たち──歴史総合の分析(3)

脅威とみたブレジネフは，ワルシャワ条約機構軍を進攻させその動きを封じ込めた。

　一方，「スターリン批判」後，独自の社会主義体制の構築を図った中国でも混乱が続いていた。「大躍進政策」の失敗，劉少奇らによる市場経済導入の試み，その反動と毛沢東の権力回復の動きから起こった「文化大革命」の混乱……。そして，中国はチェコ事件を見てソ連への警戒感を高め，1969年の中ソ国境紛争の一つである「珍宝島事件」につながるのである。

　国外的にはソ連と対立し，国内的には文化大革命の混乱を抱える中国と，泥沼化するベトナム戦争の処理に苦しむアメリカが歩み寄りを見せることは，もともと中ソ対立の発端がソ連の資本主義への妥協を毛沢東が嫌ったことだったことを考えると，中国が目指した社会主義がある意味で現実的選択をした，といっていい。

4　資料分析

(1)中国の「大躍進政策」における「土法高炉」

　毛沢東が推し進めた「大躍進政策」で建設が奨励された「土法高炉」という溶鉱炉の写真が，山川『近代』に掲載されている（202頁）。煉瓦と粘土を積み上げて作られた文字通り原始的な溶鉱炉で，燃料も石炭・コークスも使用できない耐火性の低いものが多く，中には木炭を使用していたところもあったという。同時期に進められた人民公社とともに，生産性が低く人民の疲弊を招いた。具体的な「もの」から，その時代の政治や政策の実情を知る資料といえよう。

(2)「プラハの春」・チェコ事件についての写真

　ワルシャワ条約機構軍の侵攻に抗議する市民の写真を3社が掲載している（実教『詳述』205頁，山川『近代』203頁，『現代』177頁）。これらは「ソ連の衛星国」といわれた東欧諸国でさえも，ソ連の締め付けに対する反発から社会主義陣営の結束が乱れていたことを象徴的に示している。

(3)社会主義の動揺の原因

　山川『現代』（176-177頁）は，教科書本文の上3分の1を使って，フルシチョ

フ「スターリン批判」，チェコスロヴァキア共産党行動要領，制限主権論の解説を掲載する。また，東書『詳解』(187頁) はブレジネフ・ドクトリン (制限主権論) の紹介とそれが「社会帝国主義」と呼ばれたことをコラムで取り上げている。筆者は，生徒の理解という観点から，本文と欄外の注・コラムなどで取り上げる難易度の差を注目している。両教科書とも，本文を簡潔にし，難解な項目を欄外の解説に配置する，という適切な配列であると評価したい。

5　結論・考察

　ときおりソ連崩壊などを題材に社会主義批判をする言説を聞くにつれて気になることがある。「だから社会主義はダメなのだ」とか，「社会主義は否定された」という類いの主張である。その社会主義とは，どのような社会主義なのか。本項で取り上げたように，ソ連・中国ともに彼らが目指す社会主義，あるいは考える社会主義の構築に苦慮してきたことが分かる。山川『近代』が記すように，ソ連は中ソ対立が起きると，中国に派遣していた技術者を一斉に引き上げさせた。しかし，それにもかかわらず中国は独力で1964年に原爆を，1967年に水爆を独力で完成させる (203頁)。このように同じ社会主義国でも，ソ連にはソ連の，中国には中国の動きがあった。社会主義という言葉で十把一絡げに判断するのではなく，それぞれの国の動向・内容を把握するように指導していくことが肝要であろう。

📖 ブックガイド

南塚信吾「さまざまな社会主義」(『岩波講座世界歴史22　冷戦と脱植民地化Ⅰ』岩波書店，2023年) 所収。
　＊第二次世界大戦後の社会主義各国の動向，また，1960年代から1970年代の変容，そして，1980年代以降の社会主義の新たな課題 (特に新自由主義への対応) についてコンパクトにまとめている。
山本健『ヨーロッパ冷戦史』筑摩書房 (ちくま新書)，2021年。
　＊ソ連，東欧の歴史を概観するに適している。特に東西ヨーロッパの分断からデタントを経て，東西ドイツの統一までを叙述するが，近年増加する新自由主義や極右の動きを理解するためにも，その前史を知る格好の図書である。

第Ⅲ部　グローバル化と私たち――歴史総合の分析(3)

馬場公彦『世界史のなかの文化大革命』平凡社（平凡社新書），2018年。
　＊類書に比べ，本書は国際的動向の中で文革を批判・見直そうというものである。特にインドネシアでの「9・30事件」や，1968年以降，欧米や日本で吹き荒れた学生反乱への影響などが参考になる。

ワルシャワ条約機構軍の戦車に抵抗する人々（Wikimedia Commons）

「プラハの春」は社会主義の実験として西側諸国の若者の関心を呼び，学生たちが次々とプラハを訪問して，東西を超えた連帯をアピールしていた。しかし多元的民主政を批判し，社会主義を欲する西側諸国の若者に対し，チェコスロヴァキアの学生たちは多元的民主政を望み，社会主義の変革そのものを要求しており，議論が噛み合わなかったという（西田慎・梅崎透「なぜ今「1968年」なのか」西田・梅崎編著『グローバル・ヒストリーとしての「1968年」』ミネルヴァ書房，2015年，11-12頁）。

27　石油危機と世界秩序の変容──「冷戦体制」終結の前史

キーワード：新自由主義，新興工業経済地域 (NIEs)，改革開放，バブル経済

杉 山 精 一

1　序論・概要

　本項で取り上げる「石油危機と世界秩序の変容」は，キーワードに「新自由主義」「新興工業経済地域 (NIEs)」「改革開放」「バブル経済」などを含み，これらキーワードは各教科書で複数の項目に分散している。この理由として考えられることは，石油危機の発端をどの時点から叙述するか，そして，石油危機への対応とその影響をどこまで収めるか，という点を各教科書会社が苦慮した結果である，と考えられる。ある意味，石油危機への対応がその後の資本主義諸国の「新自由主義」と呼ばれる政治経済体制の基礎になっている。これは第二次世界大戦後の基本体制であった福祉国家や，ブレトン・ウッズ体制といった経済コントロールの仕組みが崩壊していったことを意味し，ここで取り扱われている内容がその後の世界体制の「節目」であったといえよう。

　また，論点・課題で取り上げるように，社会主義諸国でも中国の改革開放路線の選択やソ連・東欧の社会主義体制の崩壊へと向かうきっかけとなったと考えれば，やはり石油危機とその後の変化が歴史上の一つの「節目」，転換点であったといえる。

2　論点・課題

(1)第1次石油危機の原因

　石油危機の直接の原因は，第4次中東戦争勃発に際して，イスラエルを支持するアメリカとその関係国に対する中東産油国のアラブ諸国の対応である。時

第Ⅲ部　グローバル化と私たち──歴史総合の分析(3)

間的経緯から見ると，石油輸出国機構 (OPEC) 加盟国のうちペルシア湾岸の
6ヵ国が原油価格の大幅引き上げを発表し，さらにアラブ石油輸出国機構
(OAPEC) が生産の削減を発表する。その後，加盟国各国が順次イスラエル支
持国への石油禁輸を決定する。教科書では煩雑を避けるため，多くはOPECの
みの対応で代表している (山川『近代』のみ，OAPECが原油生産の削減，禁輸を行っ
た，と表現している。207-208頁)。また，上記の直接的原因に加えて，OPECと
資源ナショナリズムとの関連も指摘しておきたい。そして，遡れば中東戦争は
イスラエル建国・パレスチナ問題に至るわけで，それらについて特集を組む教
科書にも注目したい (実教『詳述』202-203頁「STEP UP パレスティナ問題」と，東書
『詳解』177頁「地域の歴史　パレスティナ問題」)。

(2)アメリカ・イギリスの新自由主義的政策の導入

　イギリスのサッチャー政権，アメリカのレーガン政権ともに，第二次世界大
戦後の大きな政府＝福祉国家が生み出した巨額な財政赤字への対応が，新自由
主義的な政策導入の直接的原因といえるだろう。具体的には，福祉政策の見直
し，規制緩和・民営化によって公的機関の整理・統合を進め，小さな政府化を
実現することである。この思想の根底には，文字通り，市場主義や個人の自由
な経済活動を重んじる自己責任論といった，古典的な自由主義経済の思想があ
る。しかしながら，巨額の財政赤字は福祉政策だけが生み出したものなのか
(米ソともに軍拡路線による巨額な軍事予算や宇宙開発など)。また，福祉政策の後退
によって，貧富の格差の拡大だけでなく，国家間の格差も拡大したことも指摘
しておこう (実教『詳述』215頁)。

(3)中国の改革開放政策採用の経緯，及び同時期の社会主義諸国の動向

　中国の改革開放政策は，1970年代末からの鄧小平指導による中国の経済改革
である。その内容は，人民公社の解体といった毛沢東政権下の政策を改め，農
産物価格の自由化や経済特区の創設などの自由主義経済の一部取り入れという
ことになろう。本項冒頭で論じた社会主義の変化に加え，中国は文化大革命で
蒙った経済的損失を回復する必要性に迫られていた。鄧小平にとって，毛沢東
の死去は経済改革実施のチャンスだったといえよう。

　一方，ソ連では，共産党幹部の腐敗や軍事費増大，労働意欲低下などの原因

27 石油危機と世界秩序の変容——「冷戦体制」終結の前史

によって，経済の行き詰まりがさらに深刻なものになっていた。

3　現代との対話

(1)アラブ地域における石油危機の影響

　まず，石油危機の原因となった中東戦争の結果について，特徴的な記述のある教科書を指摘しておこう。第四次中東戦争は，アラブ側がイスラエルに占領された地域を奪還できずに終わり，その後，イスラエルに対するアラブ民衆の抵抗運動・民衆蜂起である「インティファーダ」が起こる（山川『現代』203頁）。エジプトは突発的にイスラエルと和平を結び，シナイ半島がイスラエルから返還されるが，その他の地域の占領は続き，アラファトが率いるパレスチナ解放機構（PLO）が抵抗を続けた（帝国『明解』166頁）。

　第4次中東戦争以降，アラブ地域での国家間の戦争はなくなり，イスラエルとイスラエルに占領されたパレスチナ（アラブ）人との抗争という形を取って継続している。このことは，現在のヨルダン川西岸地区・ガザ地区の問題と直結しているだけに，歴史的経緯の把握と評価がぜひとも必要な箇所であろう。

(2)日本への石油危機の影響

　世界経済は安価な石油を前提としていたため，石油危機は国際通貨体制の変動と経済成長率の鈍化を呼んだ。日本は，これを省エネルギー化とマイクロエレクトロニクス産業に代表される産業の高度化で克服する（東書『詳解』192頁，山川『近代』207-208頁）が，やがて日米間で貿易摩擦が引き起こされる。それが，1985年のプラザ合意（アメリカが有利なドル安の容認）につながり，「円高の進行と貿易摩擦に対処するため，日本では内需拡大を目標に積極的な金融緩和が行われ」「余剰資金が投機的取引に向かい，……地価や株価が高騰するバブル景気が発生した」（東書『詳解』193頁）。現在に続く日本経済の混乱の原因となるのである。

(3)中国の改革開放政策の課題

　改革開放政策は，農産物価格の自由化や経済特区の創設などの自由主義経済を一部取り入れ，「社会主義市場経済」へ発展する。しかし，ここでいう市場

179

経済＝資本主義とは，一体いかなるものであろうか，という検証が必要である。つまり，中国のいう「社会主義市場経済」体制を，いかなる経済体制と位置づけるかによって，1990年代以降急速に経済発展を遂げ，今やGDP世界第2位の経済大国になった中国の評価が変わってくるだろう。

　また，経済体制だけでなく，香港の民主化勢力やウイグル人・チベット人に対する弾圧・人権侵害が多数報告されている。これは，中国のいう「社会主義市場経済」は，実質的には欧米でいうところの「自由主義経済」と同じであるにもかかわらず，政治的には「共産党の一党独裁」を堅持しようとする矛盾の表れではないか，と指摘されている。したがって，中国は今後，「政治」と「経済」の矛盾を抱えたまま，現在の体制を進めていくのか，あるいはなんらかの改革を行うのか，という選択が迫られている。

4　資料分析

　(1)グラフ「原油価格」「円の対ドル相場」「地価・株価の変動」(『詳解』東書192-193頁)

　現代史のこの項目では「経済状況」の把握のために必須の資料といえる。しかし，グラフの活用は難しい。活用法として，たとえば「原油価格」と「円相場」の指数は好対照をなしているが，なぜ原油価格が下がると円高になるのか（より輸入に頼る日本は，原油価格が下がると生産コストが下がる），あるいは「地価・株価」では，2024年に日経平均株価が最高値を更新したが，これが1989年末のバブル期以来であることなど，「歴史」と「経済」の橋渡しの役割も可能となろう。

　(2)写真「アジアの経済発展を表す写真」(『詳解』では194-195頁に鄧小平の工場視察や上海の過去－現在の風景)

　中国政府首脳が積極的に資本主義的な企業を視察し，中国の都市が発展した資本主義国の大都市のような景観に変わってくることから，中国の経済的発展が理解できる。

5 結論・考察

(1)石油危機の影響

「2 論点・課題」で論じたように，石油危機の原因は，第4次中東戦争における石油産油国の原油価格の大幅引き上げと禁輸措置である。2024年現在，この中東戦争当事国は，前年からのガザ地区への進攻で連日のように報道されている地域である。論点・課題の結論で触れたように，今日起こっている事態もイスラエル建国・ユダヤ人問題など歴史の中で続いてきた問題点が根底にある。現代との対話で触れたように，まずは歴史的経緯の「正しい」把握が必要である。そして，国家間の利害を超えた視点を持つことが求められている。こうした観点からも，この問題は「探究学習」のテーマにもなり得る。

(2)新自由主義的政策（経済面）の今日的影響

1980年頃からアメリカをはじめとして資本主義各国で，民営化による小さな政府を推進してきた。それから約40年が経ち，ゆがみ・ひずみといえるマイナス面も多く知られるようになってきた。たとえば公的機関では，人員整理によるサービスや安全性の低下，非正規や低所得の労働者の増加，なにより自己責任論の横行である。また，それらによる社会の分断化の進行も同様であろう。効率性・収益性の追求だけでは人間社会は測れない。「探究学習」も併用しながら，新たな福祉国家の構想という学習が望まれる。

📖ブックガイド

山崎雅弘『[新版] 中東戦争全史』朝日新聞社（朝日文庫），2016年。
　＊この本のタイトルにあるように「中東史」「中東戦争」などアラブ地域全域を扱った書籍が多く，「石油危機」そのものを扱ったものは非常に少ない。もちろん，その直接の原因となっている中東戦争，およびそのまた原因となっている中東の歴史や原油の利権といった「前史」が重要であることはいうまでもない。
天児慧『中華人民共和国史』岩波書店（岩波新書），1999年。
　＊中国史というよりも，まさに「人民共和国史」であり，大戦後の中国史である。国共内戦後の建国，独自の社会主義国の建設と中ソ対立，前項で触れた大躍進政策や文化大革命などコンパクトに理解できるだろう。本項に関する部分では，第

第Ⅲ部　グローバル化と私たち——歴史総合の分析(3)

五章の改革開放路線と天安門事件が役に立つ。
服部茂幸『新自由主義の帰結——なぜ世界経済は停滞するのか』岩波書店（岩波新書），2013年。
　＊「新自由主義」についての類書も数多く存在するが，2008年のリーマン・ショック後に刊行されたもので，それまでの（おもに1980年代の）新自由主義的政策と21世紀的政治課題である各国の財政危機や債務国対策に対する経済政策を一望できるものとして選んだ。

亡命先のフランスから帰国したホメイニ（1979年2月1日）（Wikimedia Commons）
イラン＝イスラーム革命は，世界秩序の変容に大きな影響を与えた。イランは石油生産を抑えたため，第2次石油危機が起こった。アメリカ大使館占拠事件をきっかけにアメリカとイランの関係は決定的に悪化し，イランは国際的にも孤立した。一方，革命以降，中東を中心に，イスラームに基づく社会正義の実現を目指すイスラーム復興運動が次第に影響力を強めた。

28　冷戦の終結——国際政治の流動化と多極化，日本の将来

キーワード：ペレストロイカ，マルタ会談と冷戦終結，東欧革命，世界の民主化，地域紛争の拡散，冷戦後の日本の外交・安全保障政策

寺　田　佳　孝

1　序論・概要

　はじめに本項目に関係する学習指導要領の記述を確認すると，「冷戦の変容と終結の背景，民主化や地域統合の背景と影響，地域紛争の拡散の背景と影響などに着目して，主題を設定し，日本とその他の国や地域の動向を比較したり，相互に関連付けたりするなどして，冷戦終結後の国際政治の特徴と日本の役割などを多面的・多角的に考察し，表現すること」となっている（『高等学校学習指導要領（平成30年告示）解説　地理歴史編』2018年，180頁）。すなわち教育内容のキーワードは，⑴「冷戦の終結」，⑵「各地域における民主化と地域統合」，⑶「地域紛争の拡大とそれへの日本の対応」の３つである。

2　論点・課題

　ここでは３つのキーワードのうち，⑴「冷戦の終結」と⑵「各地域の民主化と地域統合」について各教科書の構成を検討する。

　まず⑴について，主な論点は「冷戦の終結はどのような背景のもとで進み，どのような影響を与えたのだろうか？」（山川『現代』218頁）という点である。多くの教科書でこのテーマは，「ソ連の軍事介入および硬直化した社会制度による経済疲弊」と「ゴルバチョフによる改革路線」の２点を中心に説明される。「ソ連はアフガニスタン侵攻によって軍事費が増大したため，経済はますます低迷した。さらに，行政の能率の悪さ，共産党幹部の腐敗，労働者・農民の労

第Ⅲ部　グローバル化と私たち——歴史総合の分析(3)

働意欲の低下，自由の制限などによって，ソ連社会は一層行き詰った。(中略)
こうしたなかで共産党書記長に就任したゴルバチョフは，グラスノスチ(情報
公開)を主張し，内外政策全般にわたる立て直し(ペレストロイカ)を開始した。
計画経済を基本としながらも，一部の自由化を認める経済改革のほか，言論の
自由などの政治的な自由化や歴史の見直しも進められた」(帝国『明解』178頁)。
より簡潔な説明に留めるのが，東書『詳解』と実教『詳述』である。特に実教『詳
述』は，「冷戦の継続によって軍事費の負担に苦しむ米ソ両国では，関係改善
をめざす動きが強まった」(同219頁)と簡潔に述べ，当時ソ連が米ソ関係改善を
求めた背景(アフガニスタン侵攻による軍事費の増大や国内経済状況の停滞，閉塞化し
た社会状況等)よりも米ソ両国の軍事的負担を強調した叙述となっている。

　次に，(2)「各地域の民主化と地域統合」に目を向けると，まず「東ヨーロッ
パの民主化」(東欧革命)が扱われる。具体的には，ポーランドやハンガリーに
おける民主化運動の高まりと体制の崩壊，1989年のベルリンの壁の崩壊と東西
ドイツの統一，1991年のCOMECONとワルシャワ条約機構の解体，そしてソ
連邦の構成国であった15の共和国の自立の動きなどである(東書『詳解』196-197
頁)。つづいて，「東アジアの民主化」として中国，韓国，台湾，香港を中心に
説明される。その他，東南アジア諸国，アフリカ(ただし説明は南アフリカ1国
のみ)，ラテンアメリカ諸国の「民主化」に触れる教科書もある(たとえば山川『現
代』226-229頁)。

　このように冷戦終結のプロセスをめぐる教科書叙述は，「ソ連の状況」「東欧
革命」の説明を軸に，日本周辺の東アジア諸国の動向が追加されるのがスタン
ダードになっており，それ以外の地域——特に中東やアフリカなど——につい
ては，次の「3　現代との対話」で見るように「民主化」とは逆に「地域紛争の
拡大」という文脈で説明される傾向にある。たとえば本単元ではほとんど注目
されない「アラブ諸国と民主化」というテーマを考えてみよう。多くの教科書
では「冷戦終結とイスラーム」に関する叙述は見られず，代わりに2010年前後
の「アラブの春」について，本文脇の語句説明等で触れるにとどまる。「2010年
末，チュニジアで民衆の抗議デモが長年にわたる独裁政権を倒したことが，他
のアラブ諸国に波及した。エジプト・リビア・イエメンなどでも旧政権は倒れ，

184

たが，多くの場合，民主化の実現には至っていない」(山川『近代』224頁。なお山川『現代』のみ本テーマをやや詳しく扱っている。後述)。こうした説明だけでは，「アラブ地域では冷戦終結前後にまったく政治変動がなかった」とか，「アラブ地域では今日に至るまでいわゆる『民主化』がまったく起きていない」といったイメージを生徒が抱きかねない。

　だが実際には，中東研究やイスラーム研究の指摘によれば，冷戦終結前後の80年代後半から90年代にかけて，イエメン，チュニジア，アルジェリア，ヨルダンなどアラブ諸国でも，たとえ結果は「民主化」と呼ぶに不十分とはいえ，普通選挙や複数政党制の導入などの重要な政治変化がもたらされたとされる。のみならず，アラブ諸国では政治・社会の「民主化」が過激なイスラーム主義勢力の台頭を招くこともあり，安直に「民主化＝善」と言えない事情もあるという(松本『アラブ諸国の民主化』38-67頁)。

　このように冷戦終結前後のアジア・アフリカ地域を補足することで，「冷戦終結と民主化」は「東欧」のパターンに限定されるものでなく，地域ごとに多様かつ複雑であることを生徒が理解するよう促したい。

3　現代との対話

　次に，(3)「地域紛争の拡大とそれへの日本の対応」について，各教科書の内容構造を確認しよう。

　まず「地域紛争の拡大」については，大部分の教科書が「中東の紛争」を軸として，「湾岸戦争」「パレスチナ紛争」「9・11事件」「イラク戦争」「2010年以降のシリア内戦とイスラム国(IS)」等について時系列に概観している。特に山川『現代』は，「旧ユーゴスラヴィア紛争」や「アフリカの紛争」(ソマリアとルワンダ)についても資料を交えつつ，ある程度細かく説明している(山川『現代』236-237頁)。

　他方，このような国際情勢を前にした日本の外交・安全保障政策については簡潔に説明するスタイルが目立つ。「日本は湾岸戦争での経験をふまえて1992(平成4)年にPKO協力法を成立させ，自衛隊を国連決議にもとづく平和維持

第Ⅲ部　グローバル化と私たち──歴史総合の分析(3)

活動のため国外に派遣できるようになった。(中略)アメリカを中心とするテロ
との戦いにあたっては，日本は特別措置法を制定して自衛隊を海外に派遣し，
アフガニスタン戦争では後方支援としてインド洋での給油活動をおこない，イ
ラクでは復興支援をおこなった。その後，2015(平成27)年に成立した新たな安
全保障法制では，自衛隊が集団的自衛権にもとづいて海外で武力を行使するこ
とが認められた」(山川『現代』239頁)。ここで示される主な資料は，カンボジア
PKOで自衛隊員が道路整備をする写真である(山川『近代』228頁，東書『詳解』
201頁など)が，肝心のPKO活動の内容や枠組みの説明があるとは言い難い。
さらに自衛隊派遣や安全保障関連法への反対論についても，「戦争反対」を掲
げるデモ活動や安倍晋三元首相のスローガン「戦後レジーム(戦後体制)からの
脱却」を指摘し，日本国憲法を理由とする意見のみ簡潔に紹介されるにとどま
る(山川『近代』229頁，帝国『明解』191頁など)。すなわち外交・安全保障政策をめ
ぐる学習は，先に見た冷戦期同様，視点が憲法や国内政治体制をめぐる対立に
集中し，国際政治論や国際法の観点から政策の賛否を論じる姿勢が非常に弱い。

　従来の日本の歴史教育において外交・安全保障を学ぶ際に重視されてきた日
本の過去の侵略という歴史的観点およびそれへの反省に立つ憲法の観点の重要
性は，今後も変わらない。他方で，領土防衛や国際紛争という課題に対し，具
体的な処方箋を示すことの重要性を考慮するならば，従来の視点に国際政治学
や地域紛争研究，国際法の視点を加えることが必要となるだろう。

4　資料分析

　本項目で検討してきた3つのキーワードを中心に，各教科書の資料と問いを
確認していこう。まず，(1)「冷戦の終結」について，山川『現代』は，「考える
素材」としての資料掲載に力を入れる。「二大超大国の敗北」と題したカリカ
チュア(米ソがそれぞれアフガニスタンとベトナムから蹴り飛ばされる)や「アメリカ
とソ連の戦略核兵器配備状況」のグラフが掲載され，後者に関し「1970年代以
降，アメリカとソ連のどちらの核兵器保有が多くなっているだろうか」「ソ連
の核ミサイル増強は，ソ連の財政にどのような影響を与えただろうか」という

28　冷戦の終結——国際政治の流動化と多極化，日本の将来

問いが設置されている。さらにゴルバチョフとソ連内外の改革については，ソ連のアネクドート（小話。「スターリン・ジョーク」などとして知られ，ソ連・東欧諸国の指導部や社会体制を皮肉る内容）が紹介され，その中に表現された4名の指導者（スターリン，フルシチョフ，ブレジネフ，ゴルバチョフ）の言動を解釈する「問い」が立てられている（山川『現代』218-219頁）。他の教科書については，「ソ連経済の停滞」と題した商品のないモスクワのスーパーマーケットの写真（山川『近代』217頁）や「ベルリンの壁の崩壊」の写真（帝国『明解』185頁）が中心であり，関連する問い（たとえば帝国『明解』では「『ベルリンの壁』が開放されたとき，人々はどのようなことを感じたのだろうか」）が付されてはいるものの，教科書本文の説明を補強する資料という意味合いが強い。

　そして(2)「各地域の民主化と地域統合」と(3)「地域紛争の拡大とそれへの日本の対応」についても，基本的に生徒に検討させる多様な資料の掲載に力を入れる山川『現代』と，写真資料を本文の補足として掲載する他の教科書という図式は変わらない。旧ユーゴスラヴィアの民族分布の地図や9・11事件の写真，国連PKO活動への自衛隊の参加状況の地図や外交・安全保障政策への反対運動の写真等は各教科書に掲載されているが，「同時多発テロの映像は世界各地で放送され，人々に衝撃を与えた。このことはアメリカや世界にどのような影響を与えただろうか」（東書『詳解』200頁）との問いのように，資料自体の意味を分析したり解釈するよりはむしろ，同テーマについて考える契機として配置されている。対する山川『現代』は，たとえば本項で注目した「アラブの民主化」について，『ジャスミン革命とアラブの春』とのタイトルの下，「『アラブの春』の風刺画」（チュニジアの国旗を象徴する赤いドミノが倒れてきたが，その背後にあるエジプトのムバラク大統領を表すドミノが倒れるのを妨害している），「アラブ社会での民主化運動の波及」（チュニジア，エジプト，リビア，ヨルダンなどアラブ社会の政権交代や憲法改正の状況を示した図），「アラブ世界の携帯電話普及率」が資料として示され，当時のアラブ社会の動向とその背景を検討させている（山川『現代』238頁）。

第Ⅲ部　グローバル化と私たち——歴史総合の分析(3)

5　結論・考察

　冷戦終結からその後の国際政治動向を扱う本項の内容は，グローバリゼーションの進展や時間的な距離の近さを考慮すれば，歴史総合の中でも最も世界史と日本史，歴史と現代政治・社会問題がリンクする単元の1つと言える。この点は，一方で学習者の興味関心を引き付けやすいメリットとなりうる。本テーマを扱う際，新聞やニュース映像を授業の導入として用いることもできる。

　他方，歴史・政治的事件や社会問題をめぐる「歴史認識」の問題やとりわけ外交・安全保障政策は，頻繁に政治対立を引き起こすテーマであり，戦後教育学・教育実践の中でも「政治的中立」の観点から慎重な扱いが求められてきたテーマである。ただし近年は，18歳選挙権の実現により「主権者教育」が提唱されていることも相まって，文科科学省も2015年の「高等学校等における政治的教養の教育と高等学校等の生徒による政治的活動等について（通知）」の中で「現実の具体的な政治的事象」を積極的に扱うよう求めている。こうした社会背景を踏まえれば，冷戦後の各国の民主化や地域紛争の実態，それに対する日本の外交・安全保障政策の在り方について，多様な資料を示しつつ，生徒の主体的な意見形成を促すような授業が期待される。

　📖ブックガイド

下斗米伸夫『ソビエト連邦史　1917-1991』講談社（講談社学術文庫），2017年。
　＊ソ連史を分かりやすく概観しているが，特に終盤にかけてゴルバチョフと彼の時代の政治・社会情勢を説明している。
松本弘『アラブ諸国の民主化——2011年政変の課題（イスラームを知る23）』山川出版社，2020年。
　＊アラブ諸国の政治・社会制度とそこで起きた「民主化」の内容とその背景について，分かりやすく歴史的に概観している。
大芝亮・藤原帰一・山田哲也編『平和政策』有斐閣，2006年。
　＊紛争が多発する冷戦後の外交・安全保障政策を考えるにあたり，国際政治学，国際法学，紛争研究，平和研究などの観点から検討している。

あとがき

　私（瀧津）が大学院の修士課程を修了して高校の教壇に初めて立ったのは，1984年である。当時，1982年から施行された1978年告示の高等学校学習指導要領（以下学習指導と記述）により新科目「現代社会」が開始されてから，2年目に入っていた。新科目をどう取り扱うかで現場では戸惑いの声も上がっていた。私も1986年より「現代社会」を担当することになった。大学・大学院で歴史学を専攻した私は，高校時代に学んだ「倫理」，「政治・経済」および大学で学んだ「哲学」と社会科学系の講座で得た知識をベースに，教科書・参考図書・資料を用いて手探り状態で悪戦苦闘しながら授業準備をした。

　私が学んだ1970年告示の学習指導要領では，「社会のうち「倫理・社会」および「政治・経済」の2科目ならびに「日本史」，「世界史」および「地理A」または「地理B」のうち2科目」を必履修としていたので，1981年以前に高校に入学した社会科高校教員は，「地理歴史」と「公民」で設置された各科目については一応高校レベルの基礎知識は学んだことになる。ところが，1978年告示の学習指導要領では，社会科の必履修科目は「現代社会」のみになり，さらに，1987年に「大学共通第1次学力試験」の社会科の受験科目が1科目に減ったことにより，受験に関係ない科目をほとんど学ばないで高校を卒業した教員が現場に登場するようになった。1989年に告示され，1994年から施行された学習指導要領で社会科が「地理歴史」と「公民」に分割され，「世界史」が必履修になると，高校時代に「世界史」を学ばなかった教員は困惑した。また，受験対策関係で最小限の世界史の学習すら惜しんだ結果が「世界史未履修」問題の顕在化である。この問題を受けて2018年の指導要領改訂で新たに必履修科目として登場したのが「歴史総合」である。

　大学の史学科や地理学科で専門的な教育を受けた学生が卒業して教職についた時，できれば，専門を生かした科目を教えたいのは人情の常である。しかし，地理歴史の免許で高校教員に採用された以上，地理歴史科すべての科目を担当しなければならない。とりわけ，必履修科目の「歴史総合」および「地理

総合」を教える機会が増えることなる。

　2022年に始まった「歴史総合」は、日本史と世界史の近現代部分を統合して考える点で画期的な科目である。しかし、一方で新科目登場に伴い、現場で戸惑いが生じているのも事実である。まず、日本史と世界史の統合であるが、世界史の動きを把握して、日本史の動きにどうつなげていくかを考える際、日本史専門の教員も、世界史専門の教員もお互いの専門外の部分では指導に自信がもてない懸念が出てくる。「歴史総合」を教えること自体に不安を抱く地理専門の教員もいる（「地理総合」を教えることに不安を抱く不安を抱く歴史専門の教員の数はさらに多いと思う）。資料と「問い」を基に考察と対話を通して、生徒自身に歴史を表現させる授業への転換は、今まで知識注入型の授業を実践してきた多くの高校教員にとって大変なことだと想像される。また、知識注入型の授業を受けてきた多くの新任教員や教員志望者は、「高校生に歴史的な見方や考え方をどう身に付けさせるか」に不安を抱いていると考えられる。

　以上のような戸惑いに対応するため、教育委員会等主催による職員研修会や高大連携の研究会が開かれている。さらに、「歴史総合」を取り上げた書籍もすでにかなりの数刊行されている。本書も新たに「歴史総合」を担当することになる教員の戸惑いの声に応えることを目指したものであるが、同時に、新任教員・教員志望者・歴史を専門としない教員が「歴史総合」の授業実践で活用できるものを目指して、「論点」・「問い」・「現代との対話」・「資料」を主要教科書5冊の比較・分析から炙り出したものである。

　本書の独自性は、以下の3点である。

(1)5冊の「歴史総合」教科書をキーコンセプトに即して内在的に比較検討したものであること。
(2)「歴史総合」の教科書にみられる「問い」と「資料」を具体的に分析したこと。
(3)現場での歴史総合の授業実践と現状の問題点を踏まえた「総論」を提示したこと。

　「歴史総合」の教科書を内在的に分析し、比較・検討した本は意外に少ない。本書は、教育現場で必ず参照される教科書を正面から建設的に分析し、授業に

あとがき

活用できる〈視点〉を提案した点に類書にはない新規性が見出せる。

　歴史は暗記科目であるという声は現在も歴史が得意な生徒，苦手な生徒の双方に根強く残っている。世界史について言うと，古代ローマ帝国の五賢帝の名前（特に「マルクス・アウレリウス・アントニヌス」），絶対王政期の国王の名前（〇〇1世，〇〇2世…），耳慣れないカタカナ名の法令や制度，馴染みのないアジアやアフリカの王朝名等々，「世界史はカタカナばかりで全然意味が分からない」（中国史の場合は漢字が難しい）という声を世界史が苦手な生徒からよく聞く。逆にこれらのことを覚えることができた生徒は，歴史が得意になり，その中から歴史教員になる者も出てくる。長い間「語呂合わせ」に代表される暗記のコツを伝授する授業が好まれてきた。歴史の暗記科目からの脱却が唱えられてから久しい。しかし，「暗記やむなし」とする生徒や教員の意識や依然として大学入試が多くの知識を求めていること等が原因で，遅々として進んでいないのが現状である。

　「歴史総合」では，知識を身に付けること（コンテンツ）よりも，知識を活用する能力（コンピテンシー）が重視されている。かつてフランスの歴史家マルク・ブロックは，「パパ，だから歴史が何の役に立つのか説明してよ」と子どもから問われて，社会と教育における歴史の役割を著そうとした。この試みは，彼自身が第二次世界大戦中にレジスタンスに斃れたために実現しなかった（マルク・ブロック〔松村剛訳〕『[新版]歴史のための弁明——歴史家の仕事』岩波書店，2004年）が，日本で新たに開始された「歴史総合」は，正しく「歴史が何の役に立つのか」を証明する可能性をもった科目である。この可能性を生かすも生かさぬも，「歴史総合」の授業に臨む生徒と教員の意識の転換にかかっている。本書がこの転換を促す一助になれば幸いである。

　本書刊行に際しては，「2024年度東京都立大学傾斜的研究費（全学分）学長裁量枠・社会連携支援（B型）」より支援を受けた。この場を借りて，御礼を申し述べる。

　最後に，改めて執筆者の方々に，また，本書完成への道筋を示してくださった法律文化社の田引勝二氏に，心から感謝申し上げたい。

編者を代表して　瀧津　伸

人名索引

あ 行

アイゼンハワー，ドワイト・D　157
アインシュタイン，アルベルト　143
赤松小三郎　52
安倍晋三　186
アラファト，ヤーセル　179
アレクサンドル1世（露）　82
石橋湛山　107
板垣雄三　165
伊藤博文　52
ヴィクトリア女王（英）　39
ウィルソン，ウッドロウ　62, 82, 84
植木枝盛　51
エリザベス2世（英）　166
オーウェン，ロバート　33
大嶽秀夫　124
小川幸司　5
小野寺拓也　5, 15
オランプ・ド・グージュ　34

か 行

カークウッド，ウィリアム　58, 65
加藤弘之　51
川北稔　64
カント，イマヌエル　82
岸信介　154, 157
キャメロン，デーヴィッド　163
ギャラハー，ジョン　62
楠瀬喜多　52
グロティウス，フーゴー　82
ケネディ，ジョン・F　141, 144, 145, 157
ケロッグ，フランク　81
幸徳秋水　59
小村寿太郎　23, 59
ゴルバチョフ，ミハイル　183, 184, 187

さ 行

斎藤隆夫　107
サッチャー，マーガレット　178
サン・シモン，アンリ・ド　33
サン・ピエール，アベ・ド　82
幣原喜重郎　104
周恩来　149
シュトレーゼマン，グスタフ　81
シュリ，マクシミリアン・ド・ベテューヌ　82
蔣介石　107
昭和天皇　117
ジョレス，ジャン　78
スターリン，ヨシフ　95, 122, 125, 173
スハルト　150
宋子文　107
宋美齢　107

た 行

ダーウィン，チャールズ　34
ダヴィド，ルイ　28
高柳健次郎　70
田野大輔　15
チェンバレン，ネヴィル　112, 113
千葉卓三郎　51
陳独秀　91
鶴見良行　168
ディズニー，ウォルト　70
鄭和　129
ド・ゴール，シャルル　163
鄧小平　131, 173, 178
ドプチェク，アレクサンデル　172
ドラロッシュ，ポール　28
トランプ，ドナルド　85, 133
トルーマン，ハリー・S　116, 138
トロツキー，レフ　95

人名索引

な 行

中村太八郎　52
ナポレオン・ボナパルト　28, 50
ニクソン，リチャード　172
ニコライ2世（露）　82
ネルー，ジャワハルラール　58, 149

は 行

パーマストン，ヘンリー・ジョン・テンプル
　　63
朴正煕　150
原敬　58, 65
ヒトラー，アドルフ　78, 98, 101
ファン・ボイ・チャウ　23, 58
プーチン，ウラジーミル　78, 84, 106
フーリエ，シャルル　33
福沢諭吉　56, 58
フランコ，フランシスコ　98
ブリアン，アリスティード　81
フルシチョフ，ニキータ　136, 145, 171-174
ブレジネフ，レオニード　171-174
ペン，ウィリアム　82
ホー・チ・ミン　91, 151
ホブソン，ジョン・アトキンソン　57, 59
ポメランツ，ケネス　40

ま 行

松平春嶽　52

マルクス，カール　87, 91
ミドハト・パシャ　50
美濃部達吉　107
ムッソリーニ，ベニート　98, 101
ムバラク，ホスニー　187
ムハンマド＝アリー　38
毛沢東　171-174, 178
モールス，サミュエル　85
森有礼　40

や 行

安田常雄　165
吉田茂　123-125

ら 行

ラッセル，バートランド　143
ランケ，レオポルト・フォン　33
李鴻章　40
劉少奇　172-174
ルソー，ジャン＝ジャック　82
レーガン，ロナルド　178
レーニン，ウラジーミル　57, 59, 64, 87, 89, 90,
　　95
ローズ，セシル　58, 65
ローズヴェルト，フランクリン　93-95
ロビンソン，ロナルド　62
ロマン・ロラン　78

事項索引

あ 行

赤狩り 137
アジア・アフリカ会議 (バンドン会議) 149
アジア主義 24
アジア太平洋経済協力会議 (APEC) 159, 160
アジア通貨危機 132
足尾銅山鉱毒事件 21, 47
アネクドート 187
アフリカ統一機構 (OAU) 159, 162
アフリカの年 148
アフリカ連合 (AU) 159, 162
アヘン戦争 39, 41
アメリカ同時多発テロ 57, 73, 187
アメリカ独立宣言 27, 29
アメリカ独立戦争 26
アラブ石油輸出国機構 (OAPEC) 178
アラブの春 187
アロー戦争 (第2次アヘン戦争) 39, 41
安保闘争 154
イギリス帝国会議 83
違式詿違条例 44
委任統治 65, 83
移民・難民問題 132
インティファーダ 179
インド大反乱 39, 41
ウィーン体制 31, 76
ウーマン・リブ 166
ウェストミンスター憲章 83
ヴェルサイユ体制 81-83, 85
ウクライナ侵攻 →ロシアのウクライナ侵攻
エコロジー 168
欧米化 22
大きな政府 90
沖縄戦 110
沖縄米軍基地問題 156, 169

沖縄本土復帰 155
オスマン主義 38
オスマン帝国憲法 →ミドハト憲法

か 行

ガーデン・シティ構想 21
改革開放政策 131, 177-179
開戦原因論 (第一次世界大戦) 75
海底ケーブル 85
開発独裁 150
カウンター・カルチャー →対抗文化
核拡散防止 142, 144
核拡散防止条約 (NPT) 142
核軍拡 (競争) 138, 139
核軍縮 138, 142, 144
核実験 138, 139
核兵器 137-139
核抑止論 138
学校・工場・軍隊 21
環境保護運動 155, 158
韓国併合 57
関税と貿易に関する一般協定 (GATT) 117
感染症 132
環太平洋パートナーシップ (TPP) 159, 161
規制緩和 130
北大西洋条約機構 (NATO) 136, 137, 139, 143
北朝鮮帰還事業 133
キューバ危機 141, 142, 144-146
共産主義 87-91
極東国際軍事裁判 (東京裁判) 117
拒否権 116, 119
近代化 19-24, 56, 60, 77
近代化 (日本) 43-47
緊張緩和 (デタント) 141
グラスノスチ (情報公開) 184
グローバリズム 33

グローバル・サウス　34, 85
グローバル化（グローバリゼーション）　57, 71,
　129-134, 188
軍拡競争　139, 143
軍産複合体　137
計画経済　150
経済相互援助会議（コメコン）　136, 184
原水爆禁止世界大会　143
五・四運動　83
公害（反対運動）　22, 47, 166
高度経済成長　153-158
後発性の利益　29
公民権運動　166, 167, 169
五か条の誓文　44
五月危機（五月革命）　167
五カ年計画　95
国際協調体制　81-86, 99
国際軍事裁判　117, 118
国際経済体制　115-120
国際通貨基金（IMF）　116
国際復興開発銀行（世界銀行，IBRD）　116
国際連合　85, 86, 115-120, 137
　――安全保障理事会　137
国際連合憲章　119
国際連盟　80, 81, 83-86, 104, 105, 116
国民国家　31-36
国連加盟（日本）　154
国連平和維持活動（PKO）　185, 186
55年体制　154
五榜の掲示　44
コミンフォルム　122
コモンウェルス（英連邦）　63
コレラ　46, 47
コンゴ動乱　149

さ　行

サイクス・ピコ協定　83
再軍備（日本）　123-125
財政赤字　90
在日韓国・朝鮮人　156, 166, 168
サライェヴォ事件　75, 76

三・一運動　83
三角貿易　39
産業革命　25-29, 44-47
　（第2次）　56, 57
三国協商　75
三国同盟　75, 79
サンフランシスコ講和会議　125
自衛隊の海外派遣　185, 186
私擬憲法　51, 52
資金洗浄（マネー・ロンダリング）　132
資源ナショナリズム　178
市場主義　131
シノワズリ　26
シベリア出兵　88, 91
資本主義　21
市民革命　25-29
社会主義　87-91, 175
社会主義市場経済　179, 180
社会帝国主義　175
自由主義　32, 35, 36
集団的自衛権　186
自由貿易　21
自由貿易帝国主義論　62, 63
シューマン・プラン　163
自由民権運動　51
十四カ条の平和原則　62, 81-85
主権者教育　188
常任理事国　119
消費者（保護）運動　155, 158
情報化　131
初期社会主義　33
植民地　57, 58, 61-66, 79, 80, 147
　――独立　147-152
女性解放運動（フェミニズム）　167
女性（婦人）参政権　34, 52, 69
辛亥革命　33
新型コロナウイルス　132
新経済政策（NEP）　95
新自由主義　130, 178
神聖同盟　82
新体制運動　98

信託統治　65
人類館事件　72
スターリン体制　90, 136, 138, 172-175
制限主権論　→ブレジネフ・ドクトリン
西洋の衝撃　37, 42
勢力均衡（バランス・オブ・パワー）　76, 83
セイロン島　21
世界恐慌　92-96, 98
世界市場　37, 41
世界システム　59
世界の工場　38
世界分割　56
石油危機　177-181
石油輸出国機構（OPEC）　178
1968年　165-170
先住民　23
戦場の広域化　109
戦争責任　117
戦争の記憶　109
戦略兵器制限交渉（SALT）　142
総力戦　77, 79, 109, 111

た 行

第一次世界大戦　75-80, 92, 96
対抗文化（カウンター・カルチャー）　167
第五福竜丸事件　138, 139, 143
第三勢力　149, 151
大衆化　69-73, 77, 109, 111, 113
大衆社会　70, 71, 73
大衆文化　70
大西洋革命　26
大西洋憲章　115
対ソ干渉戦争　88
第二次世界大戦　92, 96, 99, 105, 109-113, 148
大日本帝国憲法　52
大分岐　37, 40-42
太平天国　41
大躍進政策　172-174
大量消費社会　70, 71
台湾統治　65
脱亜論　23

タックス・ヘイブン　132
脱植民地化　147-152
タンジマート　38
ダンバートン・オークス会議　116
地域統合　131, 159-164
小さな政府　178, 181
血の日曜日事件　88
中印戦争　149
中進性の罠　29
中ソ対立（中ソ国境紛争）　171, 172, 174
中体西用　22
中東戦争（第4次）　177-179, 181
帝国主義　21, 47, 55-60
田園都市構想　21
東欧革命　184
東京裁判　→極東国際軍事裁判
東西ドイツの統一　184
東南アジア諸国連合（ASEAN）　159, 161, 163, 164
独ソ不可侵条約　105
特別統治主義（日本）　65
富岡製糸場　45
トルーマン・ドクトリン　122
トレグジット（Trexit）　161
ドンズー（東遊）運動　57, 58

な 行

内地延長主義（日本）　65
ナショナリズム　32-36, 94, 99, 133
ナチ・ドイツ　78, 99, 100, 106
ナチ党（ナチス）　94, 98, 99, 101
南京事件　105, 106
南米共同市場（MERCOSUR）　159, 160, 163
南米独立運動　26
南北問題　150
（対華）二十一カ条の要求　82, 103
二重革命　26-28
二重決定　143
偽旗作戦　107
日独伊防共協定　105
日米安全保障条約　123-125, 154, 157

事項索引

日露戦争　56, 57
日韓基本条約　155, 156
日韓国交正常化　157
日清戦争　56, 57
日ソ国交回復　154
日中共同声明　155
日中戦争　105
日本国憲法　118, 186
　　——第9条　123, 124
日本の開国　43, 44, 47
ニューディール政策　93, 94
ニュルンベルク裁判　117
ノモンハン事件　105

は　行

廃仏毀釈運動　44
バランス・オブ・パワー　→勢力均衡
パリ講和会議　81, 82
パリ不戦条約　→不戦条約
バルカン問題　75, 76, 79
バルフォア宣言　83
パレスチナ（パレスティナ）問題　62, 83, 150,
　　178, 179, 185
パレスチナ解放機構（PLO）　179
反核・平和運動　143-146
万国博覧会　71
万国平和会議　82
反植民地主義　61-66
反体制運動　22
ビートルズ　166
非公式帝国　62
ヒト・モノ・資本・情報の移動　130
非同盟諸国首脳会議　149
非同盟中立　149
非武装中立　124
ファシズム　97-102
封じ込め政策　122
武器貸与法（レンドリース法）　84
福祉国家　77, 90, 178
富国強兵　44
フサイン・マクマホン協定　83

不戦条約　80, 81, 118
プラザ合意　179
プラハの春　171-174
フランス革命　26, 28, 34
フランス人権宣言　27, 29, 34
ブレグジット（Brexit）　133, 161, 163, 164
ブレジネフ・ドクトリン（制限主権論）　171,
　　172, 175
ブレスト＝リトフスク条約　88
ブレトン・ウッズ会議　116
ブレトン・ウッズ体制　94, 117, 130, 177
ブロック経済　94
プロパガンダ　77, 101
（プロレタリア）文化大革命　171-174, 178
文明化　56, 58-60
文明開化　43, 44
米墨加協定（USMCA）　161, 164
平和研究　143
平和問題談話会　123, 125
ベトナム戦争　149, 165, 168, 169
ベトナム反戦運動　166, 167
ベルリン会議（1884〜85年）　56
ベルリンの壁の崩壊　184, 187
ペレストロイカ（立て直し）　184
変動相場制　130
北米自由貿易協定（NAFTA）　159-161, 163,
　　164
ポピュリズム　90, 133
ホロコースト　100, 102, 112

ま　行

マーシャル・プラン　122
満洲国　21, 104, 105
満洲事変　104
ミドハト憲法（オスマン帝国憲法）　39, 50, 53
緑の党（ドイツ）　168
民営化　130, 181
民間軍事会社（PMC）　84
民主化　60, 184, 185
民主主義のゆらぎ　100, 102
民族自決　63, 80, 83

197

明治維新　33, 43, 44, 47, 54

や　行

宥和政策　78, 99, 112, 113
雪どけ　136
洋務運動　22, 39
ヨーロッパ共同体（EC）　159, 160, 163
ヨーロッパ経済共同体（EEC）　163
ヨーロッパ石炭鉄鋼共同体（ECSC）　163
ヨーロッパ連合（EU）　159, 160, 163, 164

ら　行

ラジオ　111
ラッセル・アインシュタイン宣言　143-145
リーマン・ショック　132
立憲制　49-54
冷戦　121-126, 135-146, 149, 154, 183-188

歴史主義　32, 33
歴史認識問題　188
レンドリース法　→武器貸与法
ロシア革命　87-91
ロシアのウクライナ侵攻　78, 84, 106, 107, 113

わ　行

ワシントン体制　81-83
ワルシャワ条約機構　136, 137, 139, 184
湾岸戦争　185

欧　文

ASEAN経済共同体（AEC）　161
COMECON（コメコン）　→経済相互援助会議
IMF-GATT体制　94
TPPに関する包括的および先進的な協定
　　（CPTPP）　159, 161

執筆者紹介 (執筆順)

石塚正英 (いしづか・まさひで) (監修者)　**はしがき，3，9，11**

- 1949年　生まれ。
- 現　在　東京電機大学名誉教授。
- 著　作　『情報化時代の歴史学』北樹出版，1999年。
  - 『歴史研究の基本』編著，北樹出版，2006年。
  - 『世界史プレゼンテーション』編著，社会評論社，2013年。

瀧津　伸 (たきつ・しん) (編者)　**序章，10，14，22，あとがき**

- 1959年　生まれ。
- 現　在　福岡県立博多青松高等学校通信制課程教諭。
- 著　作　「全国ドイツ中間層連盟創立に関する一考察——20世紀初頭の中間層運動の一側面」『西洋史学論集』33号，1995年。
  - 「パリ講和会議」『世界史論叢』第11号別冊〔歴史教科書比較調査研究〕，2022年。
  - 「日中戦争」『世界史論叢』第11号別冊〔歴史教科書比較調査研究〕，2022年。

板倉孝信 (いたくら・たかのぶ) (編者)　**序章，2，8，24**

- 1982年　生まれ。
- 現　在　東京都立大学大学教育センター准教授。
- 著　作　『ポスト財政＝軍事国家としての近代英国』晃洋書房，2020年。
  - 「反革命戦争中期 (1799〜1806年) の英国戦時財政に対する請願運動の展開」『相関社会科学』第26号，2017年。
  - 「英国における所得税廃止論争 (1816年) の再検討——麦芽税廃止論争との関連性を中心に」『年報政治学』2016-Ⅱ，2016年。

佐久間俊明 (さくま・としあき) (編者)　**序章，4，16，17，23，25**

- 1981年　生まれ。
- 現　在　大阪府立山田高等学校教諭。
- 著　作　『清沢洌の自由主義思想』日本経済評論社，2015年。
  - 「実践プラン／高校日本史　1920年代の社会と文化——モダンガールに着目して」『歴史地理教育』No.913，2020年8月。

新谷　卓 (あらや・たかし)　**1，15，19**

- 1955年　生まれ。
- 現　在　立教大学経済学部講師，宇都宮共和大学シティライフ学部講師，元高校教員。
- 著　作　『終戦と近衛上奏文——アジア・太平洋戦争と共産主義陰謀説［増補新版］』彩流社，2025年。
  - 『池田純久と日中戦争——不拡大を唱えた現地参謀』共編著，彩流社，2024年。
  - 「冷戦——政治と戦争の転換」『ドイツ史と戦争——軍事史と政治史』共編著，彩流社，2011年。
  - 「ディスクールと実践」「軍需産業と戦時経済」『軍事史とは何か』共訳，原書房，2017年。

川島祐一（かわしま・ゆういち） **5，6，7**

　1982年　生まれ。
　現　在　東京電機大学理工学部非常勤講師，元高校教員。
　著　作　『世界史プレゼンテーション』共著，社会評論社，2013年。
　　　　　『技術者倫理を考える——持続可能な社会をめざして』共著，朝倉書店，2014年。
　　　　　「松本平におけるキリスト者の系譜——木下尚江・井口喜源治・窪田空穂・手塚縫蔵・吉江狐雁」『頸城野郷土資料室学術研究部研究紀要』第111号，2023年。

杉山精一（すぎやま・せいいち） **12，13，26，27**

　1962年　生まれ。
　現　在　穎明館中学高等学校講師。
　著　作　『養護施設とボランティア』編著，揺藍社，2017年。
　　　　　『歴史知と近代の光景』編著，社会評論社，2014年。
　　　　　『歴史知の未来性——感性知と理性知を時間軸上で総合する試み』共編，理想社，2004年。

尾崎綱賀（おざき・つなよし） **14，16**

　1953年　生まれ。
　現　在　世界史研究会・歴史知研究会（会員）。
　著　作　『日蓮——現世往成の意味』世界書院，1999年。
　　　　　『北条時宗と日蓮・蒙古襲来——末世・乱世・大難を生きる』世界書院，2001年。
　　　　　「日蓮と忍性・日蓮はなぜ忍性を非難したのか——忍性＝聖者説と忍性＝偽善者（政僧）を再検討する」『世界史研究論叢』第9号，2019年。
　　　　　「日蓮の歴史観」『世界史研究論叢』第11号，2022年。

寺田佳孝（てらだ・よしたか） **18，20，21，28**

　1982年　生まれ。
　現　在　東京経済大学全学共通教育センター准教授。
　著　作　『ドイツの外交・安全保障政策の教育——平和研究に基づく新たな批判的観点の探究』風間書房，2014年。
　　　　　『右翼ポピュリズムに抗する市民性教育——ドイツの政治教育に学ぶ』共著，明石書店，2020年。
　　　　　「ドイツの政治教育と外交・安全保障政策の学習——生徒が政治を考え，意見することを目指すカリキュラムとその課題」『日本クラウゼヴィッツ学会年報』第20巻，2020年。
　　　　　Politische Bildung in Japan und der Diskurs über die Fachdidaktik in Deutschland 1945 bis 1989, Politisches Lernen, 1-2, 2021.

Horitsu Bunka Sha

高校教員のための「歴史総合」ハンドブック
――教科書比較から見えてきたもの

2025年3月31日　初版第1刷発行

監修者	石塚正英
編著者	瀧津　伸・佐久間俊明 板倉孝信
発行者	畑　　光
発行所	株式会社 法律文化社

〒603-8053 京都市北区上賀茂岩ヶ垣内町71
電話 075(791)7131　FAX 075(721)8400
customer.h@hou-bun.co.jp
https://www.hou-bun.com/

印刷：㈱冨山房インターナショナル／製本：㈱吉田三誠堂製本所
装幀：仁井谷伴子

ISBN 978-4-589-04395-5

ⓒ2025 M. Ishizuka, S. Takitsu, T. Sakuma, T. Itakura
Printed in Japan

乱丁など不良本がありましたら，ご連絡下さい。送料小社負担にて
お取り替えいたします。
本書についてのご意見・ご感想は，小社ウェブサイト，トップページの
「読者カード」にてお聞かせ下さい。

JCOPY　〈出版者著作権管理機構 委託出版物〉

本書の無断複写は著作権法上での例外を除き禁じられています。複写される
場合は，そのつど事前に，出版者著作権管理機構（電話 03-5244-5088，
FAX 03-5244-5089，e-mail: info@jcopy.or.jp）の許諾を得て下さい。

菊池一隆著

東アジア歴史教科書問題の構図
—日本・中国・台湾・韓国，および在日朝鮮人学校—

A5判・380頁・6600円

日・中・台・韓・在日朝鮮人学校の歴史教科書は史実にどのようにアプローチし，いかなる論理構成で評価を与えているか。各国の特色や共通性／差異を示し，東アジア史の中での日本の位置と相互の有機的関連を構造的に考察する。

田中 仁・菊池一隆・加藤弘之・日野みどり
岡本隆司・梶谷 懐著

新・図説中国近現代史〔改訂版〕
—日中新時代の見取図—

A5判・298頁・3300円

中国近現代史の始点を清朝の斜陽（1800年）におき，21世紀に至る過程を描写。中国近現代史の確かな理解を通じ，今日の日中関係のみならず東アジア地域秩序や国際関係に関わる今日的課題への深い洞察と展望へつなげる。2019年まで動向を盛り込んだ。

山崎覚士著

成句・故事成語ではじめる中国史
—古代から現代まで—

A5判・240頁・3300円

中国史ってムズカシイ，というイメージを持つ人は多い。そこで本書では，各時代を表す成句・故事成語を一つ取り上げて，そこから中国の歴史や文化を学ぶ。殷周時代から中華人民共和国までを通史的に概観する。中国史に関する教養を身に付けるための道案内。

益田 実・齋藤嘉臣編著
〔Houbun World History 1〕

冷　　戦　　史
—超大国米ソの出現からソ連崩壊まで—

A5判・424頁・3850円

第2次世界大戦後に冷戦によって引き裂かれた世界はいかなる歴史を歩んだのか。本書では，脱植民地化や欧州統合などとの関わり，さらには地域ごとの冷戦という視点も入れつつ，米ソが超大国として台頭する過程からソ連崩壊に至るまでの全体像を解き明かす。

伊藤之雄著〔日本史のライバルたち①〕

原 敬 と 大 隈 重 信
—早稲田の「巨人」を超える　一八八一〜一九二二年—

四六判・318頁・3300円

大隈重信と原敬は，英国風政党政治や協調外交という理想，薩長への対抗心など共通点が多いものの，対立していたのはなぜか。本書では，二人の不幸な「出会い」から始まり，18歳年長の大隈を反面教師として原が自己革新して成長していく過程を辿る。

川瀬貴之著

リベラル・ナショナリズムの理論

A5判・350頁・8580円

リベラリズムとナショナリズムは相容れるのか。リベラリスト，ナショナリスト，リベラルナショナリストたちの理論の分析，リベラル・ナショナリズムに対する批判への応答を通じて，国民国家にとっての意義と可能性をよみとく。

—法律文化社—

表示価格は消費税10％を含んだ価格です